Karlheinz Jacobi

Rosen

Gärtnern leicht und richtig

Karlheinz Jacobi

Rosen

Die Deutsche Bibliothek –
CIP-Einheitsaufnahme

Jacobi, Karlheinz:
Rosen / Karlheinz Jacobi. –
München; Wien; Zürich: BLV, 1992
(Gärtnern leicht und richtig)
ISBN 3-405-14242-3
NE: HST

BLV Verlagsgesellschaft mbH
München Wien Zürich

8000 München 40

© 1992 BLV Verlagsgesellschaft mbH,
München

Lektorat: Barbara Kiesewetter
Layout: Anton Walter, Gundelfingen
Herstellung: Ernst Großkopf
Satz: Weihrauch, Würzburg
Druck: Appl, Wemding
Bindung: Auer, Donauwörth

Printed in Germany
ISBN 3-405-14242-3

Bildnachweis:

AKG, Berlin 90, 91
Apel 2/3, 15 Mitte r, 18 u, 41, 53, 56, 57
Burda 92, 93
CMA 34/35, 94/95
Eigstler 7, 13 l, 14/15, 29 Mitte, 63
Henseler 75
Hoppe 42/43, 45, 52 u, 80/81, 96/97
Jensen, Glücksburg 54
Morell 11 o, 13/14, 18/19, 36, 39, 51 o,
    51 u, 52 o, 68/69, 77 Mitte
Niehoff 59
Redeleit 47, 60, 68 o, 69 o, 81
Reinhard 2 Mitte, 3 Mitte, 10 Mitte,
    10 u, 11 Mitte, 13 r, 16 o, 16 u, 20 o,
    21 o, 23 l o, 25 o, 25 Mitte, 25 u, 26,
    27, 28 o, 29 o, 30, 31 o, 31 u, 33 l,
    33 Mitte, 33 r, 37 o l, 37 Mitte r, 38/39,
    40, 43 o, 48/49, 50, 61, 66, 67 o, 77 o,
    77 u, 85
Rosen Tantau, Uetersen 58

Rosen Union, Bad Nauheim-Steinfurth
    44 u l, 15 u
Ruckszio 10 o, 11 u, 17 o, 28 u, 76 o,
    78 o, 86, 88
Sammer 2 l, 2 r, 3, 4, 9 o, 9 u, 14 Mitte l,
    17 u, 20/21 u, 29 u, 37 o r, 37 u r, 42 o,
    55, 64 o, 64 u l, 64 u r, 65 u l, 65 u
    Mitte, 54 u r, 74, 78 u l, 78 u r, 82 u,
    82 o, 83, 89, 94
Seidl 8, 14 o l, 15 o r, 22/23, 24, 32,
    67 u, 70/71, 76 u
Schlüter 79 o, 79 u, 80 l
Strobel, Pinneberg 23 r, 46
Grafiken: Manuela Hutschenreiter,
München

Umschlaggestaltung:
Studio Schübel, München

Umschlagfotos:
Vorderseite: Eberhard Morell
Rückseite: Eberhard Morell (links)
        Siegfried Eigstler (rechts)

INHALTSÜBERSICHT

Rosen im Überblick

Rosen gehören in jeden Garten. Einmal der Blüten wegen, die monatelang mit ihren Farben und ihrem Duft erfreuen; zum anderen, weil sich mit ihnen soviel anfangen läßt: Beetrosen zum Beispiel verwandeln ganze Gartenpartien in ein Blütenmeer, Kletterrosen lassen Häuserwände und Pergolen blühen, und Wildrosen bilden undurchdringliche Hecken. Strauchrosen zählen, einzelstehend oder mit anderen Gehölzen zusammen, zu den schönsten Blütensträuchern des Gartens.

Für den gartenlosen Städter, und nicht nur für ihn, wachsen Topfrosen in Balkonkästen und Blumenschalen, während andere niedrigbleibende Arten auf Beeten und Böschungen den Boden bedecken. Hoch in der Gunst der Blumen- und Gartenfreunde stehen die Edelrosen, von denen es auch folgerichtig die meisten Sorten gibt. Da jährlich neue Rosen hinzukommen, ist eine Klassifizierung angebracht. Diese Gruppeneinteilung erfolgt nach Wuchsformen, also nach dem Verwendungszweck, und hilft dadurch, Wachstums-Probleme zu vermeiden.

Beetrosen: Dazu gehören Polyantha-Hybriden und Floribunda-Rosen, die sich von Edelrosen vor allem dadurch unterscheiden, daß sie dichte Blütenbüschel mit vielen Einzelblüten bilden. Sie lassen sich durch Schneiden kurz, das heißt auf 40–100 cm Höhe halten. Die meisten einfachen oder halbgefüllten Blüten erscheinen den ganzen Sommer lang.

Edelrosen: Sie heißen jetzt alle Edelrosen, auch jene Sorten, die früher als Teehybriden und großblumige Floribunda-Rosen bezeichnet wurden. Sie erfreuen uns durch stark gefüllte, oft duftende, edelgeformte Blüten. Die Triebe sind weniger stark verzweigt. Meist sitzt nur eine Blüte am Ende eines Stieles.

Strauchrosen: Sie passen besonders gut zu anderen Ziersträuchern, weil sie höher und breiter werden als Beet- oder Edelrosen. Manche erreichen einen Umfang von 3–4 m Höhe und Breite. Die Rosen-Experten unterscheiden zwischen öfterblühenden Strauchrosen, die sich wegen des lang anhaltenden Flors besonderer Beliebtheit erfreuen, und einmalblühenden Strauchrosen, zu denen die Park- und Moosrosen und die Wildrosen gerechnet werden. Sie alle zeichnen sich durch große Winterhärte aus, brauchen nicht regelmäßig geschnitten zu werden und schmücken sich im Herbst mit hübschen Hagebutten.

Kletterrosen: Sie bilden lange kletternde Ranken, die an Gerüsten wie Scherengittern, Pergolen oder hohen Zäunen festgebunden werden müssen. Besonders reizvoll wirken sie an Häuserwänden und Lauben. Es gibt Sorten mit 6 m langen Trieben, die jedes Jahr nur einmal blühen und andere, neuere Kletterrosen, die nur 4 m hoch werden und jeden Sommer zweimal zur Blüte kommen.

Zwergrosen: Meist nur 30 cm hoch, in vielen Sorten den Sommer über blühend. Diese »Liliputaner« passen mit ihren kleinen Blütchen und den zierlichen Blättern auch in Balkonkästen und andere Pflanzgefäße.

Bodenbedeckende Rosen: Das ist eine Gruppe niedrigwachsender Rosen, die wie andere bodendeckende Pflanzen kleine und große Gartenbeete für lange Zeit zudecken. Sie sind je nach Sorte 20, 40, 50 oder 80 cm hoch, kriechen am Boden, bilden kleine Büsche oder bogenartige Triebe.

Stammrosen: Das sind auf 40 und 90 cm hohen Stämmen veredelte Edel-, Beet- oder **Zwergrosen:** 140 cm lang sind die Stämmchen der Trauerrosen, von deren luftiger Höhe die blütenübersäten Triebe der aufveredelten Kletterrosen-Sorten kaskadenartig herabhängen. Weil sie Sorten aus mehreren Klassen vorweisen können, bilden sie keine eigene Gruppe.

Gleich, um welche Rose es sich handelt, sie entfalten an der Sonnenseite des Gartens ein wahres Blütenfeuerwerk

Welche Rosen gibt es?

Beetrosen

Beetrosen sind im Garten besonders vielseitig zu verwenden. Sie sorgen für Helligkeit vor dem dunklen Grün der Nadelgehölze und für Farbe zwischen Ziersträuchern, die ihre Frühjahrsblüte schon hinter sich haben. Beetrosen können auf Gräbern, in Pflanzgefäßen oder als niedrige Hecken eingesetzt werden. Besonders schön wirken sie in der Verbindung mit Stauden. Ihre größte Wirkung erzielen Beetrosen, wenn sie zu mehreren beieinander stehen, entweder nach Farben geordnet oder in bunter Reihe.

Das sehr unterschiedliche Höhenwachstum läßt einheitlich hohe und dichte Farbflächen, aber auch lockere Blütengruppen zu. Die stets aufrechtwachsenden, mehrtriebigen Pflanzen erreichen Höhen von 25–90 cm, wobei das Höhenwachstum abhängig ist von der Sorte, dem Standort und dem Klima. Empfehlenswert ist ein Pflanzabstand von 30–40 cm, das sind bei Gruppenpflanzungen 6–8 Rosen je Quadratmeter. Von den öfterblühenden Strauchrosen unterscheiden sie sich vor allem durch ihre geringere Höhe und Breite. Allerdings können auch Beetrosen so hoch wie Strauchrosen werden, wenn man sie wenig oder gar nicht schneidet.

Hinter dem Sammelbegriff Beetrosen verbergen sich verschiedene Untergruppen. Polyantha-Rosen: große Blütendolden, kleinblumig; Zwergpolyantha-Rosen: Dolden, kleinblumig, niedrig wachsend; Polyantha-Hybriden: Dolden mit großen, meist einfachen Einzelblüten; Floribunda-Rosen: Dolden mit edelrosengleichen Blüten; Floribunda-Grandiflora: Wuchs und Blütenform wie Edelrosen.

Die Blüten der Beetrosen sind einfach, locker oder dicht gefüllt, klein (2–3 cm im Durchmesser) bis sehr groß (10–12 cm). Manche duften leicht, andere wieder sehr stark. Die Zahl der Sorten und der Blütenfarben ist riesig. Deshalb ist hier das Beetrosen-Sortiment nach Farben gegliedert. Das macht die Wahl leichter.

Beetrose 'Rumba' zwischen Gräsern und Katzenminze

Sorten mit Blüten in verschiedenen Rottönen

Sorte	Farbe	Höhe	Bemerkungen
'Andalusien'	leuchtend blutrot	70–90 cm	mittelgroße, halbgefüllte Blüten, robust und winterhart; ADR-Rose
'Chorus'	leuchtend zinnoberrot	50–70 cm	große, gut gefüllte Blüten, unempfindlich gegen Mehltau, auch für Halbschatten, ADR-Rose
'Dalli Dalli'	leuchtend dunkelrot	50–70 cm	gut gefüllte Blüten in riesigen Büscheln robust und gesund
'Gruß an Bayern'	samtig blutrot	50–70 cm	mittelgroße, dichtgefüllte Blüten, duftend, sehr robust, ADR-Rose
'Lili Marleen'	feurigrot	50–70 cm	große gefüllte Blüten, sehr schön, auch für Halbschatten, ADR-Rose
'Muttertag'	blutrot	30–50 cm	kleine, gefüllte Blüten, niedrig blühend, für Pflanzgefäße geeignet
'Neues Europa'	scharlachrot	40–60 cm	große, gefüllte Blüten, auch für Halbschatten, ADR-Rose
'Nina Weibull'	blutrot mit orange	40–60 cm	mittelgroße gefüllte Blüten, Dauerblüher
'Schweizer Gruß'	blutrot	50–60 cm	halbgefüllte Blüten, sehr reichblühend, ADR-Rose
'Träumerei'	leuchtend lachsrot	60–80 cm	ungewöhnliche Farbe, duftend, sehr winterhart

'Lilli Marleen'

'Nina Weibull'

'Träumerei'

9

'Berliner Luft'

'Friesia'
'Helga'

Sorten mit orangefarbenen Blüten

Sorte	Farbe	Höhe	Bemerkungen
'Badener Gold'	golden-orange	40–60 cm	duftende, halbgefüllte Blüten, lange blühend
'Berliner Luft'	gelborange bis orangerosa	60–80 cm	große, gut gefüllte, duftende Blüten, gesund
'Irish Wonder'	blutorange	30–40 cm	Dauerblüher
'Orange Sensation	reines orangerot	40–60 cm	gut gefüllte, duftende Blüten, kräftiger Wuchs
'Star Child'	orangerot mit weißer Mitte	30–50 cm	einfache bis halbgefüllte, duftende Blüten, auch für Pflanzgefäße geeignet

Sorten mit gelben und gelblichen Blüten

Sorte	Farbe	Höhe	Bemerkungen
'Allgold'	leuchtend goldgelb	50–70 cm	halbgefüllte Blüten, krankheitsfrei
'Friesia'	hellgoldgelb	40–60 cm	gefüllte Blüten, robuste, wertvolle Sorte, ADR-Rose
'Goldbeet'	kanariengelb	50–70 cm	große, gut gefüllte Blüten
'Honey Bunch'	honiggelb	40–60 cm	stark gefüllte Blüten zum Schnitt geeignet

Beetrosen mit weißen Blüten

Sorte	Farbe	Höhe	Bemerkungen
'Bernina'	reinweiß mit zart-rosa Schimmer	40–60 cm	leicht duftend, reichblühend
'Edelweiß'	cremeweiß	40–60 cm	gut gefüllte Blüten, ADR-Rose
'Helga'	reinweiß	60–80 cm	gut gefüllte, sehr große Blüten, reichblühend
'Margaret Merril'	weiß und zart gelblich rosa	40–60 cm	starker Duft, gefüllte bis halbgefüllte Blüten

Beetrosen mit Blüten in verschiedenen rosa Farbtönen

Sorte	Farbe	Höhe	Bemerkungen
'Betty Prior'	karminrosa	80–100 cm	weiße Mitte, kleine einfache Blüten
'Bonica 82'	hellrosa	40–60 cm	mittelgroße, stark gefüllte Blüten
'Dolly'	dunkelrosa	50–70 cm	halbgefüllte Blüten
'Gentle Touch'	zart lachsrosa	20–40 cm	sieht aus wie eine winzige Edelrose
'Münchner Kindl'	silbrigrosa	40–60 cm	gut gefüllte Blüten
'Queen Elizabeth'	reinrosa	80–100 cm	edelrosengleiche, große gefüllte Blüten, auch für Halbschatten
'Sonia Meilland'	reinlachsrosa	50–70 cm	große, leicht duftende Blüten
'Tom-Tom'	rosa	50–70 cm	mittelgroße, gefüllte Blüten, wundervoll duftend, früh- und dauerblühend

'Bonica'

Beetrosen mit mehrfarbigen Blüten in ungewöhnl. Farbtönen

'Deutsche Welle'	lila-violett	50–70 cm	duftende, gut gefüllte Blüten
'Disco'	weiß mit rotem Rand	40–60 cm	große, locker gefüllte Blüten
'Greensleeves'	Blüten anfangs rosa, später leuchtend apfelgrün	50–70 cm	lange Haltbarkeit in der Vase
'Lavaglut'	schwarzrot	40–60 cm	gut gefüllte Blüten, äußerst winterhart
'Mein München'	goldgelb und dunkelrot	60–80 cm	gefüllte, mittelgroße duftende Blüten, reichblühend
'Papageno'	dunkelrot, weiß geflammt	50–70 cm	große, gefüllte Blüten
'Shocking Blue'	lila	50–70 cm	stark duftend, gute Schnittsorte, reichblühend
'Violetta'	purpurviolett mit gelber Mitte	30–50 cm	duftend, reichblühend

'Shocking Blue'

'Lavaglut'

11

Edelrosen,
Teehybriden

Der Inbegriff der Rosenschönheit war und ist die Edelrose, die früher als Teehybride bezeichnet wurde, ein Name, der immer noch gebräuchlich ist. Beide Bezeichnungen stehen für großblumige, zumeist stark gefüllte, edel geformte, oft duftende Blüten.

Die Farbskala ist vielfältig und reicht von reinem Weiß über helles bis dunkles Gelb, von zartem bis kräftigem Rosa über Orange bis zu hellem und dunklem Rot. Die Freunde außergewöhnlicher Farben kommen ebenfalls auf ihre Kosten: Sie pflanzen Sorten mit bronzekupferfarbenen, fliederfarbenen oder zweifarbigen Blüten. Die Zahl der Sorten ist so riesig, daß es sich empfiehlt, zur Blütezeit die Rosenfelder einer Baumschule oder ein Rosarium zu besuchen, um sich einen Überblick über die Farbenpracht der Edelrosen und anderer Rosenklassen zu verschaffen. Hier hat man die Rosen »live« vor Augen und ist nicht an die manchmal etwas verschwommenen Farbbezeichnungen in den Katalogen angewiesen. Der Wuchs der Edelrosen ist meist straff aufrecht und kräftig, gelegentlich auch buschig und in der Höhe unterschiedlich, im Durchschnitt etwa 50–100 cm hoch; es gibt auch Ausnahmen. So wächst die berühmte 'Gloria Dei' zu 160 cm hohen Büschen heran.

Die Triebe der Edelrosen sind weniger verzweigt als die der Beetrosen; so sitzt bei den klassischen Teehybriden nur eine einzige Blüte am Ende eines langen Stiels ('Sutters Gold'), weshalb sich Edelrosen auch so gut als Schnittblumen eignen. Die Form der meist stark gefüllten Blüten ist bei den neuen Sorten schlank, die Blütenblätter sind eingerollt wie bei einer Spirale. Bei manchen Edelrosen, wie der herrlich duftenden 'Pariser Charme' (ADR-Rose), formen sich dagegen die Blüten in vollerblühtem Zustand zu einer Schale.

Eine dezente Farbkombination:
Edelrose 'Via mala' und Salbei

Der Gartenplatz
für Edelrosen

Wegen ihrer Schönheit sollten Edelrosen besonders umhegt und gepflegt werden. Im Gegensatz zu Beet-, Strauch- und Kletterrosen empfiehlt es sich, sie auf ein besonderes Beet in Gruppen verschiedener Sorten zu pflanzen. Am besten dort, wo man aus der Nähe betrachten kann, an der Terrasse oder einem anderen Sitzplatz im Garten.

Über die Farbabstimmung der Edelrosen schreibt Alma d'Aigle, die durch ihre einmalige, heute noch gültige Klassifikation der Düfte bekannte Rosenexpertin: »Am besten vertragen sich

Edelrosen farblich miteinander. Da kann kaum etwas falsch gemacht werden. Ob man Beete oder Reihen mit der gleichen Sorte bepflanzt, ob man Gruppen einer Farbe unregelmäßig ineinander übergehen läßt, ob man Rot mit Rosa, Gelb mit Orange, Dunkelrot mit Weiß durcheinandersetzt – der natürliche Adel drückt sich auch darin aus, daß jede für sich in ihrer Schönheit dasteht und nicht vesucht, die Nachbarinnen zu übertrumpfen. Eine Gruppe von Edelrosen muß sein wie ein Freundeskreis, bei dem jeder anders, jeder eine Persönlichkeit für sich ist, souverän ohne Anmaßung, zur Harmonie beitragend ohne Unterordnung.«

Rosen mit einfachen, halbgefüllten und gefüllten Blüten

Rosen werden nach Sorten und Wachstumsform eingeteilt, Sie unterscheiden sich auch durch ihre Blüten, durch ihre Farbe, aber auch durch Größe und Form. Da spricht man dann von Sorten mit einfachen, halbgefüllten und gefüllten Blüten. Einfache Blüten, wie sie die Wildrosen, die einmal- und öfterblühenden Rosen tragen, haben selten mehr als fünf Blütenblätter, die auch Kronblätter oder Petalen heißen. Unter den »Einfachen« sind Spitzen-Sorten wie die Chinesische Goldrose *Rosa hugonis*. Die sogenannten »Halbgefüllten« können zwischen 7 und 20 Blütenblätter aufweisen. Die schönsten Vertreter sind Strauchrosen, zum Teil im Frühjahr blühende wunderschöne Sorten.

Schwach oder weniger stark gefüllte Sorten findet man auch unter den Edelrosen, Bodendeckerrosen, Zwerg-und Kletterrosen. Die »Gefüllten« (mit 20–35 Petalen und mehr) sind eigentlich ein Privileg der Edelrosen, wenn auch Kletter-, Strauch- und Beetrosen sich mit dichten Blütenbüscheln schmücken. Bei den Centifolien-Rosen ist jede einzelne Blüte mit 100 (!) Blütenblättern gefüllt. Ihr Name verrät es, denn »centifolia« heißt hundertblättrig. Mit ihr können nur noch einige Englische Rosen wie 'English Garden', 'Othello', 'Warwick Castle' konkurrieren.

Auch Rosen mit einfachen Blüten können sehr schön sein

Rose mit stark gefüllten Blüten, 'Königin von Dänemark'

13

'Super Star'

'Pariser Charme'

'Julia's Rose'

Eine Auswahl besonders schöner gartenwürdiger Edelrosen-Sorten

Mit weißen Blüten: 'Bianca', 'Evening Star', 'Pascali', 'Polarstern', 'Tineke', 'Virgo'.

Orangefarbene: 'Ave Maria', lachsorange; 'Beaute', goldorange; 'Corso', orange; 'Königin der Rosen', lachsorange; 'Lena', leuchtend-orangerot; 'Marbella', zitronengelb; 'Super Star', salmorange.

Gelbe Farbtöne: 'Anika', goldgelb; 'Berolina', zitronengelb; 'Circus Knie', cremegelb; 'Helmut Schmidt', zitronengelb; 'King's Ransom', goldgelb; 'Landora', reingelb; 'Olga Tschechowa', hellgelb; 'Sutters Gold', goldgelb; 'Whisky', bronze-gelb.

Rosa Variationen: 'Aachener Dom', lachsrosa; 'Blessings', korallenrosa; 'Carina', silbrigrosa; 'Esmeralda', leuchtend

'Sutters Gold'

'Gloria Dei'

'Ingrid Bergmann'

altrosa; 'Flamingo', zartrosa; 'Margaret', silbrigrosa; 'Panorama', porzellanrosa; 'Pariser Charme', reinrosa; 'Raissa', dunkelrosa; 'Silber Jubilee', frischrosa; 'Sylvia', kräftig-rosa (ADR-Rose).

Rote Farbtöne: 'Alexander', zinnoberrot; 'Baccara', geranium-rot; 'Bad Nauheim', rubinrot; 'Burgund', samtig-blutrot; 'Duft-wolke', korallenrot (ADR-Rose); 'Ena Harkness', scharlachrot; 'Erotika', dunkelblutrot (ADR-Rose); 'Henkel Royal', blutrot; 'Herzog von Windsor', lachsrot (ADR-Rose); 'Lady Rose', lachs-rot; 'Lolita', kupferlachs; 'Natascha', samtig-dunkelrot.

Mehrfarbige: 'Coronado', rot-gelb; 'Double Delight', weiß-rot; 'Duftes Berlin', kupfrig-orange; 'Gay Gordens', rot und gelb; 'Gloria Dei', lichtgelb mit rosa; 'Picadilly', rot-gelb; 'Royal Albert Hall', rot-gelb; 'Solitaire', gelb mit rosa Rand.

Ungewöhnliche Farbtöne: 'Julia's Rose', bräunlich-perga-mentfarben; 'Mainzer Fastnacht', fliederfarben; 'Norita', die »Schwarze Rose«, schwarzrot.

'Astrid Lindgren'

'Feuerwerk'

Öfterblühende Strauchrosen

Eigentlich sind alle Rosen Sträucher. Doch unterscheiden sich die sogenannten Strauchrosen von den Edel- und Beetrosen durch ihr stärkeres Wachstum. Manche dieser »Zierstrauchrosen«, wie man sie auch nennt, werden bei günstigen Wachstumsbedingungen 3–4 m hoch und ebenso breit.
Öfterblühende Strauchrosen sollte man von allen Seiten bewundern können. Das geht, wenn sie einzeln im Rasen zwischen niedrigen Stauden oder

Öfterblühende Strauchrosen

Sorte	Farbe	Höhe	Bemerkungen
'Astrid Lindgren'	kräftiger, aufrechter, buschiger Wuchs	1–1,3 m	rundliche, gut gefüllte, duftende Blüten
'Bischofsstadt Paderborn'	mäßig starker, aufrechter Wuchs	1–1,5 m	mittelgroße, halbgefüllte, zinnoberrote Blüten, von großer Leuchtkraft, ADR-Rose
'Centennaire de Lourdes'	breiter als hoch, locker verzweigter Wuchs	0,8–1,5 m	auch zwischen Stauden, wirkt sehr natürlich
'Dirigent'	breitbuschig, aufrecht	1,5–1,8 m	halbgefüllte, leuchtend blutrote Blüten, auch sehr schön als ungeschnittene Hecke einzusetzen (Abstand 75 cm)
'Feuerwerk'	breitbuschig, mittelstark, aufrechtwachsend	1,2–1,5 m	mittelgroße, halbgefüllte, lachsrosa Blüten, auch als ungeschnittene Blütenhecke zu verwenden (Abstand 75 cm)
'Fontaine'	breitbuschig, mittelstarker, aufrechter Wuchs	1,3–1,5 m	große edelrosengleiche, leicht duftende dunkelrote Blüten, ADR-Rose
'Grandhotel'	breitbuschig wachsend	1,5–2 m	samtig blutrote Blüten, die unaufhörlich bis zum Spätherbst erscheinen, aus Verblühten werden sehenswerte Hagebutten
'Ilse Haberland'	breitbuschig, mittelstarker Wuchs	1,5–1,8 m	große, stark gefüllte karminrosa Blüten mit herrlichem Duft

Öfterblühende Strauchrosen

Sorte	Farbe	Höhe	Bemerkungen
'Lichtkönigin Lucia'	breitbuschig, mäßig starker, straff aufrechter Wuchs	1–1,5 m	große gefüllte, kräftig zitronengelbe Blüten, bis zum Spätherbst durchblühend, ADR-Rose
'Lydia'	aufrecht, mittelstark wachsend	1,5–2,0 m	mittelgroße, halbgefüllte Blüten mit interessantem Farbenspiel (innen orange-rot, außen gelb)
'Robusta'	straff aufrecht wachsend	1,5–2 m	mittelgroße, einfache, leuchtendblutrote Blüten mit goldgelben Staubfäden, sehr lange blühend, wegen ihrer starken Bestachelung für Hecken (0,5 m Abstand) zu verwenden
'Schneewittchen'	mäßig stark wachsend	1–1,5 m	wunderschöne, mittelgroße, gefüllte, weiße Blüten, vielseitig zu verwenden zwischen Stauden oder roten und rosafarbenen Beetrosen
'Westerland'	aufrecht- und sehr breit wachsend	1,5–2 m	farbschönste Strauchrose mit großen herrlich duftenden gelborangefarbenen Blüten
'Rosika'	kräftig wachsend	0,8–1,2 m	große, stark gefüllte reinrosa, wunderschön duftende Blüten, für ungeschnittene Hecken (Abstand 75 cm) geeignet

vor dem dunklen Grün der Nadelgehölze stehen. Neben der in kleineren Gärten bevorzugten Einzelstellung wirken die Öfterblühenden auch gut zu dreien nebeneinandergepflanzt. Wer Platz hat, kann mit Strauchrosen auch eine ungeschnittene Hecke pflanzen, beispielsweise mit den Sorten 'Dirigent', 'Feuerwerk', 'Robusta' oder 'Rosika'. Auch eine kombinierte Hecke, zum Beispiel Liguster mit Rosen ist möglich. Die Farbenpracht dieser besonders gartenwürdigen Rosenklasse reicht von Weiß, Gelb, Rosa, verschiedenen Rottönen bis hin zum Lila-Violett.

'Westerland'

'Schneewittchen'

Einmalblühende Strauchrosen:
Park-, Moos- und Wildrosen

Als Parkrosen werden Rosen unterschiedlicher Herkunft zusammengefaßt. Es ist die Bezeichnung für strauchig wachsende Nachkommen von Wildrosen, die züchterisch bearbeitet wurden. Mit Park- und Moosrosen kann man im Garten viel anfangen. Die meisten stehen gern für sich allein, andere wieder sind als Heckenpflanzen wirkungsvoll einzusetzen. Sie und noch einige Parkrosen erfreuen sich wegen ihrer Hagebuttenfrüchte bei unseren gefiederten Freunden großer Beliebtheit. Sie dürfen das Prädikat: »Vogelnähr- und Schutzgehölz« tragen.

Das gilt auch für die Wildrosen. Sie wachsen schon seit ein paar Jahrhunderten in unseren Gär-

ten, besitzen einfache Blüten und weisen sehr unterschiedliche Wuchsstärken und Wuchsformen auf.

Die einmalblühenden Strauchrosen wachsen straff aufrecht oder sind mit bogig überhängenden Zweigen ausgestattet und blühen meist sehr früh, etwa von Mai bis Anfang Juni. Die Sträucher sind dann, je nach Sorte, mit einfachen, halbgefüllten oder gefüllten Blüten regelrecht übersät.

Die Strauchrosen blühen fast alle am »alten Holz«. Die Blütentriebe entwickeln sich also nur an mehrjährigen Trieben. Schon aus diesen Gründen sollten sie nur alle 4–5 Jahre nach dem Verblühen ausgelichtet und nicht wie Beet- oder Edelrosen

**Kapuzinerrose heißt die hübsche
R. foetida 'Bicolor'**

**Parkrose 'Marguerite Hilling'
(links)**

alljährlich zurückgeschnitten werden. Dabei schneidet man die allzu dicht stehenden Triebe dicht am Boden zurück. Zu lange Triebe sind bis auf einen günstig stehenden Seitenzweig einzukürzen. Damit sich Hagebutten bilden können, bleiben die Blumen nach dem Verblühen an den Zweigen stehen. Wegen ihres starken Wachstums empfehlen sich Pflanzabstände von 1–1,5 m.

Park- und Moosrosen

Sorte	Höhe	Bemerkungen
'Suaveoloens', Ölrose, *R. × alba*	1,5–2 m	weißlich-gelbe Blüten, (duftend!), frühblühend, 1–1,5 m Pflanzabstand
'Dornröschen' *R. acicularis*	1–1,5 m	mittelgroße, hellrote Blüten, frühblühend, 1–1,5 m Pflanzabstand
'Muscosa', Moosrose, *R. centifolia*	1–1,5 m	aufrecht, mittelgroße, dicht gefüllte Blüten, 1–1,5 m Abstand
'Parkjuwel' *R. centifolia*	1–1,5 m	große rote gefüllte Blüten von edler Form, 1 m Abstand
'Kapuzinerrose' *R. foetida* 'Bicolor'	1,5 m	kleine, einfache, innen rote, außen gelbe Blüten, leider sternrußtauanfällig, 1,3–1,5 m Pflanzabstand
'Chinesische Goldrose' *R. hugonis*	1,5–2,5 m	zierlich überhängende Zweige, kleine, gelbe, einfache Blüten, frühblühend, 2,5–3 m Abstand
'Marguerite Hilling' *R. moyesii*	1,5–2 m	große, halbgefüllte, rosa, innen heller werdene Blüten, zu Stauden pflanzen, 2 m Abstand
'Conrad Ferdinand Meyer' *R. rugosa*	2–3 m	große, silbrigrosa, edelrosenähnliche Blüten, früh- und reichblühend, stark duftend, 1,5–2,5 m Abstand
'Pink Grootendorst'	1,0–1,5 m	stark bestachelt, kleine rote Blüten, in 1,5–2 m Entfernung pflanzen
'Frühlingsgold' *R. spinosissima*	2,5–3 m	elegant überhängende Zweige, große gelbe, einfache Blüten, leichter Duft, früh- und reichblühend (Mai), Pflanzabstand 2–3 m
'Maigold' *R. spinosissima*	2–2,5 m	dicht mit Stacheln besetzt, große halbgefüllte Blüten, frühblühend, Abstand 2–3 m. Rechtzeitig verjüngen, wird sonst kahl

Einmalblühenden Strauchrosen sollte man viel mehr Aufmerksamkeit schenken. Es sind keineswegs Rosen zweiter Klasse, allein schon deshalb, weil zu ihnen schöne alte Sorten gehören, die den Charme der Rosengärten vergangener Jahrhunderte in unsere Gärten zurückbringen.

Weitere schöne einmalblühende Park- und Moosrosen: 'Persian Yellow', 'Scharlachglut', 'Geranium', 'F. J. Grootendorst'.

Kletterrosen

Kletterrosen sind robuste, kräftig wachsende Rosen mit meterlangen Blütentrieben. Wie die Strauchrosen blühen sie nicht an Haupt-, sondern an den Seitentrieben. Je mehr Seitentriebe eine Kletterrose besitzt, um so reicher blüht sie. Man unterscheidet einmalblühende mit einem Blütenflor bis zu vier Wochen und öfterblühende, deren Flor nicht selten bis zum Frost andauert. Mit Kletterrosen läßt sich viel anfangen: Sie ranken sich um Gartentore und Spaliere, blühen an Zäunen und Treppen, klettern an Bäumen hoch über Dächer hinweg und bedecken Häuserwände mit Blättern und Blüten. Für den guten alten Rosenbogen sind sie genauso unentbehrlich wie für die Pergola. Sie schicken ihre bis zu 6 m langen Blütentriebe in luftige Höhen oder lassen sie malerisch von Mauern herabhängen. Sie dienen als Sichtschutz- oder Trennwände und wachsen sogar auf dem Balkon. Für Südwände sind Kletterrosen nicht geeignet. Hier verblassen die Blütenfarben, Schädlinge, vor allem Spinnmilben stellen sich ein, und außerdem ist mit Verbrennungsschäden zu rechnen. Kletterrosen brauchen Stützen, damit man die meterlangen Triebe festbinden kann.

In Frage kommen dafür Gitterwände, Rosenbögen, Pergolen, Zäune oder ganz einfach kunststoffbeschichtete Drähte, die an der Wand, an Pfählen oder Stahlrohren befestigt werden. Die Triebe der Kletterrosen sind waagerecht oder fächerförmig an den Drähten zu befestigen. Kletterrosen brauchen mehr Nährstoffe als andere Rosen, da sie ein stärkeres Wurzelwerk besitzen und jedes Jahr mehrere neue Triebe entwickeln. Reichliche und regelmäßige Ernährung ist deshalb angesagt, sonst ist es mit ihrer Pracht und Herrlichkeit bald vorüber.

'New Daw' (oben links)

'Lawinia' (oben rechts)

'Paul's Scarlet Climber' (unten)

Kletterrosen

Sorte	Wuchs	Höhe	Bemerkungen
'Blaze Superior'	stark kletternd	3–4 m	gefülle scharlachrote Blüten, reichblühend, Nachblüte bis zum Herbst
'Flammentanz'	starkwüchsig, aufrecht	3–4 m	mittelgroße, gefüllte, blutrote Blüten, einmalblühend, sehr winterhart
'Golden Showers'	mittelstark, aufrechtwachsend	2–3 m	große, gelbe, halbgefüllte Blüten, lange blühend, geschützter Standort
'Goldfassade'	stark- und breitwachsend	3–4 m	mittelgroße, edelgeformte, wunderschöne duftende Blüten, reich- und dauerblühend
'Gruß an Heidelberg'	mittelstark, breit aufrechtwachsend	2–3 m	große, gefüllte, feurigrote Blüten, blüht durch bis zum Spätherbst
'Ilse Krohn superior'	mittelstark	2–3 m	große reinweiße, starkgefüllte Blüten, öfterblühend
'Lawinia'	stark, buschig, aufrechtwachsend	3–4 m	große, reinrosa, gefüllte Blüten (sehr edel), dauerblühend
'New Dawn'	stark- und breitwachsend, überhängende Triebe	3–4 m	zartrosa, locker gefüllte Blüten, sehr reichblühend, Dauerblüher bis zum Frost
'Paul's Scarlet Climber'	stark, breitbuschig aufrechtwachsend	2,5–3,5 m	mittelgroße, halbgefüllte, blutrote Blüten, einmal- aber reichblühend
'Sympathie'	kräftig aufrechtwachsend	2–3 m	tief scharlachrote Blüten, guter Duft, öfterblühend
'White Cockade'	mäßig stark aufrechtwachsend	2 m	weiße (mit rosa Schimmer), große, duftende, gefüllte Blüten, reich- und öfterblühend

Bodendeckerrosen

Zu den sogenannten Boden-
deckern gehören niedrigwach-
sende, fast am Boden kriechende Gehölze wie zum Beispiel Zwergmispeln und immergrüne Kriechwacholder, außerdem Stauden wie Teppichphlox,
Steinkraut und Schleifenblumen.
Sie bewahren die Erde mit Blüten, Trieben und Blättern vor
Trockenheit und Unkrautwuchs.
Auch einige Rosen erfüllen diesen guten Gartenzweck. Sie
sind sich nicht zu schade, den
Boden feucht und biologisch
aktiv und in gutem Garezu-
stand zu halten.
Ohne Pflege allerdings können
Bodendeckerrosen ihre Aufgaben nicht erfüllen. So sind
jedes Jahr ältere und abgestorbene Triebe abzuschneiden und
zu entfernen. Bei veredelten
Sorten wächst hin und wieder
die Unterlage durch, was an der
hellgrünen Farbe der Blätter
und Triebe deutlich zu erkennen
ist; Die Unterlage muß dann
abgeschnitten werden. Auf keinen Fall darf man jedoch die
aufrechtwachsenden Triebe
abschneiden, weil sie sich all-
mählich niederlegen und die
erwünschte Bodendecke bilden.
Diese Rosen dürfen auch nicht
zu eng gepflanzt werden (siehe
Angaben über den Pflanz-
abstand bei den Sortenbe-
schreibungen), sonst schieben
sich die Triebe in die Höhe und
verlieren ihren flachen Wuchs.
Bei der Bodenvorbereitung sollten unbedingt alle ausdauern-
den Unkräuter (Quecken) sorgfältig ausgegraben werden.
Einige Bodendecker-Rosen gibt
es schon länger, die älteste
Rosa × paulii, seit 1903 und
'Max Graf' seit 1919. Hinzu
kamen viele Sorten, die sich in
Wachstumsstärke, Wuchsform
und Höhe so voneinander
unterscheiden, daß eine Gruppeneinteilung nötig ist.

Gruppeneinteilung der Bodendeckerrosen (eine Auswahl)

Schwachwachsend, flach niederliegend:

'Nozomi' ('Heideröslein'):
20–30 cm, kleine, einfache,
hellrosa Blüten, 3–4 Pflanzen
je Quadratmeter, auch für Steingärten und Pflanzgefäße.

'Snow Carpet': 10–15 cm, sehr
kleine, weiße gefüllte Blüten,
in der Mitte cremefarben,
8–9 Pflanzen je Quadratmeter,
für kleinste Flächen und Steingärten.

Steif aufrecht wachsend:

'Moje Hammarberg'; 70–80 cm,
violett-rosa, halbgefüllte, duftende
Blüten, schöner Fruchtschmuck,
2–3 Pflanzen je Quadratmeter;
auch für niedrige Blütenhecken.

'Dagmar Hastrup': 60–80 cm,
mittelgroße, einfache rosa Blüten, langeblühend, sehr große
Hagebutten, 3–4 Pflanzen je
Quadratmeter, kalkempfindlich (!).

Niedrig buschig wachsend:

'Snow Ballet', 30–60 cm, kleine
stark gefüllte weiße Blüten,
3–4 Pflanzen je Quadratmeter.

Möglich ist eine Kom-
bination mit Zwerg-
nadelgehölzen und anderen
kleinbleibenden Gehölzen
wie Lavendel, Spiersträuchern
(Spiraea bumalda). Deutzien
und Johaniskräutern *(Hypericum calycinum)* und Stau-
den wie Mauerpfeffer,
Sedum-Arten und Sorten,
Thymian und Ehrenpreis.

Zwergrose 'Swany'

'Happy Meillandiana'

Bodendecker-Rose 'Max Graf'

'Swany': stark wachsend, 40–50 cm, kleine bis mittelgroße lachsrosa, am Rande weiße Blüten, reich- und dauerblühend, 3–4 Stück je Quadratmeter, Pflanzabstand 50–60 cm;

'Happy Meillandiana': mehr breit als hochwachsend, 40 cm, sehr kleine, gefüllte, lachsrosa Blüten, 3–4 Pflanzen je Quadratmeter, Pflanzabstand 50–60 cm.

Leicht bogig überhängend:
'Fleurette': etwa 100 cm hoch, kleine, rosarote, einfache, sehr wetterbeständige Blüten, 1–2 Pflanzen je Quadratmeter, Pflanzabstand 70–100 cm, schöner Nachbar von Stauden und anderen Gehölzen.

'Smarty', mit 1,5 m langen, sich niederlegenden Trieben, große, gelblichweiße Blüten mit rosa Schein, leicht duftend, 1–2 Pflanzen je Quadratmeter, Pflanzabstand 70–100 cm.

Flach niederliegend, stark wachsend:
'Immensee': einfache, weiß bis zartrosa Blüten, denen Regen nichts anhaben kann, 1–2 Pflanzen je Quadratmeter, Pflanzabstand 1 m.

'Max Graf', dichtwachsend, Höhe bei weitem Abstand (100 cm) etwa 30–40 cm, bei zu dichtem Stand (50–60 cm) 1–3 m lange Triebe, einfache karminrote Blüten, einmalblühend, 1–2 Pflanzen je Quadratmeter. Für niedrige Grenzabpflanzungen geeignet.

Zwergrosen

In vielen Gärten bleibt durch hohe Bäume und Sträucher nur noch wenig Platz für sonnenliebende Gewächse, zu denen die Rosen nun einmal gehören. Gewiß gibt es einige Beetrosen, die auch mit halbschattigen Standorten vorlieb nehmen, aber die Sonnenanbeter sind in der Überzahl. Auf Rosen verzichten? Auf keinen Fall, weil man, wenn schon kein richtiges Rosenbeet zur Verfügung steht, immer noch Kletterrosen pflanzen kann, deren lange Triebe dem Licht und der Sonne entgegenwachsen. Und dann sind da auch noch die Zwergrosen, die von den Hobbygärtnern bisher immer noch ein wenig unterschätzt werden. Diese je nach Sorte nur 20–40 cm hohen, meist überreich blühenden Zweige, können in Balkonkästen, großen Tontöpfen oder andere Gefäße gepflanzt werden.

Zwergrosen sind aber nun keineswegs Lückenbüßer. Wer Sonnenplätze im Garten anzubieten hat, sollte keineswegs auf sie verzichten. Sie passen gut in große und kleine Steingärten, wo sie die sommerliche Blütenpause der Polsterstauden auf attraktive Weise überbrükken ode als hübsche Einfassungen für Beete gleich welcher Art dienen können. An Wege gepflanzt, sorgen sie dafür, daß niemand auf Beete tritt.

Der Pflanzabstand sollte etwa 25 cm betragen, das bedeutet 12 Pflanzen je Quadratmeter. Fast alle Zwergrosen werden wenig oder gar nicht von Krankheiten befallen, gelten als besonders winterhart und blühen reich und lange.

Zu den Zwergrosen zählen die in manchen Katalogen und der älteren Literatur als Zwergbengalrosen, Compacta-Rosen, Kußrößchen oder Miniaturrosen bezeichneten Gruppen.

'Fresh Pink' mit Katzenminze

Zwergrosen

Sorte	Farbe	Höhe	Bemerkungen
'Alberich'	rot	20–40 cm	kleine, halbgefüllte Blüten, sehr reich blühend, widerstandsfähig gegen Krankheiten, starkwachsend
'Angelita'	weiß, farbig überhaucht	10–30 cm	kleine, gefüllte, duftende Blüten, wächst leicht überhängend, deshalb auch als Bodendecker zu verwenden
'Baby Maskerade'	mehrfarbig, gelb-rot	20–40 cm	reichblühend, gut verzweigt
'Bluenette'	lila-violett	20–40 cm	große halbgefüllte Blüten auf gut verzweigten Büschen
'Blue Parade'	lilarosa	20–30 cm	kleine Blüten auf gut verzweigten Büschen
'Daniela'	zartrosa	20–25 cm	gefüllte Blüten, buschig aber auch breitwachsend
'Fresh Pink'	lachsrosa	20–40 cm	duftende Blüten, reichblühend, vieltriebig
'Little Lemmy'	hellgelb	25–30 cm	gefüllte Blüten, die in kleinen Dolden sitzen, sehr winterhart
'Orange Juwel'	lachs-orange	25–30 cm	stark gefüllte Blüten, kräftiger Wuchs
'Orange Meillandiana'	orangerot	30–40 cm	gut gefüllte Blüten, mittelstarker, sehr buschiger Wuchs
'Scarletta'	scharlach-rot	30–50 cm	kleine Blüten, sehr reichblühend, mittelstark, breitbuschig wachsend
'Sonnenkind'	goldgelb	30–35 cm	gefüllte Blüten, buschiger Wuchs
'White Dream'	reinweiß	25–30 cm	mittelgroße, gefüllte Blüten, winterhart, mittelstark, aufrecht wachsend
'Zwergkönig 78'	blutrot	30–40 cm	mittelgroße, gefüllte Blüten, winterhart, mittelstark, aufrechtwachsend
'Zwergkönigin 82'	reinrosa	30–40 cm	große, gefüllte Blüten, buschiges Wachstum

'Orange Juwel'

'Daniela'

'Zwergkönig'

25

Rosen,
die man kennen sollte

Hochstammrosen, Kaskadenrosen

Gleich ob es sich um 90 cm hohe Hochstämmchen, um 60 cm hohe Halbstämmchen oder um Fußstämmchen von 40 cm Länge handelt, immer bieten die Kronen eine Blütenfülle von nostalgischem Charme. Die Entstehung dieser Rosen ist einfach: Auf einer entsprechend langen Unterlage werden Edelrosen-, Beet-, Bodendecker- oder Zwergrosen veredelt.

Hinzu kommen noch als besondere Attraktion die sogenannten Kaskaden- oder Trauerrosen, bei denen auf 140 cm langen Unterlagen-Stämmchen Kletterrosen aufveredelt werden. Die langen Triebe der Ranker hängen tatsächlich wie Kaskaden herunter und sind ganz und gar nicht »traurig« anzusehen.

Stammrosen kann man entlang der Gartenwege pflanzen, in den Vorgarten, an der Terrasse, in Bauerngarten-Partien oder zu Dreien ins Staudenbeet. Sie sollten nie einzeln stehen, sondern zu mehreren neben- oder hintereinander und auch in Reih' und Glied. Seit es Container-Rosen gibt, kommt eine weitere, sehr interessante Verwendung hinzu: als Kübelpflanze für Balkon und Terrasse.

Unter den Stammrosen sollten keine Beet- oder Zwergrosen wachsen. Einmal wird dadurch der notwendige und ohnehin nicht ganz einfache Winterschutz erschwert und zum anderen passen die Farben der verschiedenen Rosen-Sorten meist nicht gut zueinander. Besser eignen sich Sommerblumen wie Steinkraut *(Lobularia maritima)*, Husarenknöpfchen *(Sanvitalia procumbens)*, Silberblatt *(Senecio bicolor)* oder das einjährige Straußgras *(Agrostis nebulosa)*.

Hochstammrosen gibt es von vielen, über und über blühenden Sorten. Einige der schönsten sind in den Listen aufgeführt

Hochstämme, Stammhöhe 90 cm, **Edelrosen**

Sorte	Farbe	Bemerkungen
'Ave Maria'	lachsorange bis lachsrot	Blüten von starkem Duft
'Duftwolke'	korallenrot	herrlicher Duft, ADR-Rose
'Flamingo'	zartrosa	duftend
'Gloria Dei'	goldgelb mit kupferrotem Rand, rosa überhaucht	sehr robust
'Königin der Rose'	lachsorange, außen goldgelb, goldgelb	schöne Farbenrose, starker Duft
'Super Star'	lachsorange	duftend
'Via Mala'	cremeweiß	große Blüten
'Valencia'	kupfergelb	stark duftend

Hochstämme, Stammhöhe 90 cm, Bodendecker und Beetrosen

Sorte	Farbe	Bemerkungen
'Bassino'	blutrot	blüht lange
'Friesia'	goldgelb	duftend
'Heide-sommer'	reinweiß	süßer Duft, von Bienen begehrt
'Lilli Marleen'	feurigrot	nie verblassend
'Shocking Blue'	lila	stark duftend
'Sommerwind'	rosa	Dauerblüher
'Träumerei'	lachsorange	duftend

Halbstämme, Stammhöhe 60 cm, Edelrosen

'Alexander'	zinnoberrot	sehr gesund
'Corso'	orangefarben	Blüten lange haltbar
'Gloria Dei'	lichtgelb mit rosa	sehr robust
'Ingrid Bergmann'	dunkelrot	duftend
'Landora'	reingelb	sehr winterhart
'Silver Jubilee'	rosa, duftend	frühblühend
'Super Star'	lachsorange	stark duftend

Halbstämme, Stammhöhe 60 cm, Bodendecker-, Zwerg- und Beetrosen

'Berliner Luft'	gelborange bis orangerot	elegante Blütenform
'Bonica '82'	hellrosa	ADR-Rose
'Deutsche Welle'	lila-violett	duftend
'Kristall'	reinweiß	gute Winterhärte
'Swany'	reinweiß	blüht lange

'Fritz Nobis', eine Parkrose als Hochstamm

Fußstämme, Stammhöhe 40 cm, Zwerg- und Beetrosen

'Maidy'	blutrot	edle Knospen
'Mandarin'	orangegelb	schöne Farbenrose
'White Dream'	reinweiß	gefüllte Blüten
'Sommerwind'	reinrosa	Dauerblüher
'The Fairy'	zartrosa	kleine, gefüllte Blüten
'Vatertag'	lachs-orangerot	blüht reich

Trauerstämme, Stammhöhe 140 cm Kaskadenrosen,

'Flammen-tanz'	blutrot	ADR-Rose
'Golden Showers'	goldgelb	duftend
'Gruß an Heidelberg'	feurigrot	duftend ADR-Rose
'Morning Juwel'	rosa	duftend, ADR-Rose
'Rosarium Uetersen'		Wildrosenduft
'Sympathie'	dunkelrot	Wildrosenduft, ADR-Rose
'Schnee-wittchen'	weiß	ADR-Rose

Alte, Historische Rosen

Es hat nicht an Versuchen gefehlt, die sogenannten Alten Rosen in eine Klassifizierung zu pressen, die sich an Jahreszahlen orientiert. Da jedoch die Rosenzucht einem ständigen Wandel unterworfen ist (und war), kann eine solche zeitliche Festlegung nicht befriedigen. Dieser akademische Streit beeinträchtigt die Schönheit dieser Rosen nicht, zu denen Bourbon-, Remontant-, Port-

'Christata'

'Charles de Mills'

land-, Noisette- und Bengal-Hybriden genauso gehören wie die Arten *Rosa gallica, R. × damascena, R. centifolia, R. rugosa* und *R.× alba* mit ihren schönen Abkömmlingen. Auch einige Teerosen können mit Recht als »historisch« bezeichnet werden wie die 1867 in den Handel gebrachte silbrig-rosafarbene 'La France' oder die weiße 'Kaiserin Auguste Viktoria' von 1891. Hinzu kommen noch einige um die Jahrhundertwende gezüchteten Polyantha- und Floribunda-Rosen (Beetrosen).

Wir bewundern an den historischen Rosen ihre dichtgefüllten, meist wundervoll duftenden Blüten, die sich in warmen Farben präsentieren. Viele, vor allem die Einmalblühenden, überraschen durch Winterhärte und Widerstandsfähigkeit gegen Rosenkrankheiten. Man kann sie mit öfterblühenden historischen, aber auch mit »modernen« Strauchrosen zusammenpflanzen, dann blüht es von Mai bis in den Herbst hinein. Die meisten alten Rosen wachsen stärker als die modernen Beet- und Edelrosen. Sie entwickeln sich zu kräftigen Sträuchern mit aufrechten oder überhängenden Trieben.

Einige der Alten Rosen, wie die Bourbon-, Remontant- und Moosrosen sind allerdings nicht selten Opfer von Rosenkrankheiten. Vorbeugende Maßnahmen, wie Einarbeiten von Pflanzenstärkungsmitteln (Gesteinsmehl, Algenkalk) in den Boden, Mulchen und die Schaffung optimaler Lebensbedingungen sorgen dafür, daß die Freude an diesen herrlichen Rosen weitgehend ungetrübt bleibt.

Alte, historische Rosen

Sorte	Höhe (cm)	Bemerkungen
'Cristata/Chapeau de Napoleon' (1827)	150–200	Centifolien-Rose, silbrig-rosa Blüten, stark duftend, einmalblühend
'Charles de Mills'	150	Gallica-Rose, duftende, gefüllte burgunderrote Blüte, einmalblühend
'Frau Karl Druschki' (1901)	100–120	Remontant-Rose, große, stark gefüllte, reinweiße Blüten mit rosa Rand, öfterbühend
'Gros Choux d' Hollande'	bis 200	Bourbon- oder Damaszenerrose, große, gefüllte, wundervoll duftende, rosenrote Blüte, einmalblühend

Alte, historische Rosen

Sorte	Höhe (cm)	Bemerkungen
'Glorie de Dijon' (1853)	200–300	kletternde Teerose, große, gefüllte Blüten mit wechselnden Farben von Rahmweiß über Gelbtöne bis lachsrosa und bernsteinfarben, Teerosenduft, öfterblühend
'Königin von Dänemark' (1816)	150–200	*R. alba* × *R. damascena*-Hybride, stark gefüllte, silbrigrosa Blüten mit dunkler Mitte, Wildrosenduft, einmalblühend, auch für Halbschatten
'Leda', auch 'Painted Damask' (vor 1827)	100–150	Damaszener-Rose, ballförmige, wundervoll duftende, milchweiße Blüten mit karminfarbenem Rand, gelegentlich öfterblühend
'Maiden's Blush' (1797)	150–200	Weiße Rose *(R. alba)*, gefüllte, süß duftende, weiße Blüten, einmalblühend, hoch, auch für Halbschatten
'Mrs. John Laing' (1887)	bis 200	Montant-Rose, große stark gefüllte, duftende, silbrigrosa Blüten
'Souvenir de la Malmaison' (1843)	50–70	Bourbon-Rose, dichtgefüllte, flache, duftende, zartrosa bis rahmweiße Blüten, lange blühend
'Veilchenblau' (1909)	300–400	Kletterrose, kleine, purpurviolette Blüten mit weißem Auge, starkwachsend lange Triebe, auch für Halbschatten

'Souvenir de la Malmaison'

'La Reine Victoire'

Bengal-Rose, *R. chinensis*

'Othello'

Sorten, die von den Alten Rosen den Duft und die dicht gefüllten Blüten geerbt haben. Außerdem wurde die Farbpalette um einige reizvolle Farbtöne erweitert. Diese Farben, wie auch die anderen Sorten, verändern sich während des Blühens mehrfach. Bei der Sorte 'Charles Austin' zum Beispiel erscheinen die Blüten in einer ungewöhnlichen aprikosengelben Farbe mit scharlachrotem Anflug. Im Verblühen wird sie fast weiß und ist zartrosa überhaucht.

Die Füllung der Blüten reicht von einfacher Wildrosenform über halbgefüllte bis hin zu dichtgefüllten Sorten. Neben der meist dichten Füllung besticht die Vielfalt der Blütenformen. Da gibt es teller- und schalenförmige Blüten und

Englische Rosen

Der englische Rosenzüchter David Austin verwirklichte eine Idee: Er kreuzte die alten Historischen Rosen mit modernen, um Rosen zu schaffen, in denen sich die Vorzüge der alten Gallica-, Damaszener- und Zentifolienrosen wie dicht gefüllte, wundervoll duftende Blüten – mit den positiven Eigenschaften neuer Sorten – wie Gesundheit, Wetterfestigkeit und vor allem Öfterblühen – miteinander zu vereinen.

Das Ergebnis läßt die Herzen aller Rosenfreunde höher schlagen. Unter der Bezeichnung ›Englische Rosen‹ gibt es jetzt

Öfterblühende Strauchrosen

Sorte	Farbe	Höhe	Bemerkungen
'Abraham Darby'	aprikosengelb rosa überhaucht	150–200	starker Duft
'Charles Austin'	aprikosengelb	180–200	stark duftend
'Graham Thomas'	bernsteinfarben	120–150	duftend
'Heritage'	rosa	100–120	Blüten von ›antiker‹ Form, klein, duftend
'Othello'	dunkel-scharlach-	120–150	duftend rot
'Winchester Cathedral'	zuerst gelblich rosa später weiß	120–150	große, gefüllte, duftende Blüten
'Swan'	weiß (anfangs gelb schattiert)	150	sehr große, dicht gefüllte, zart duftende Blüten

Öfterblühende Sorten mit gefüllten Blüten,
Beet- und edelrosenähnliches Wachstum

Sorte	Farbe	Höhe	Bemerkungen
'Cardinal Hume'	purpurrot	70–90	mittelgroße, kugelige Blüten mit leichtem Duft
'English Garden'	gelblich	70–90	rosettenförmige, leicht duftende, große Blüten, sehr reichblühend
'Warwick Castle'	dunkelrosa	50–70	große, dichtgefüllte, duftende Blüten

Öfterblühende Sorten mit einfachen bis leichtgefüllten Blüten

'Canterbury'	tiefrosa	90	stark duftende, halbgefüllte Blüten
'Moonbeam'	weiß	120–150	leicht gefüllte Blüten
'Red Coat'	scharlachrot	150–180	große, einfache Blüten, leicht überhängender Wuchs

Einmalblühende Sorten mit einfachen bis gefüllten Blüten

'Constance Spry'	rosa	150	sehr groß, pfingstrosenartige, süß duftende Blüten
'Dr. Jackson'	scharlachrot	150	einfache, große Blüten, sehr reichblühend, leicht überhängender Wuchs

Kletterrosen, einmal und öfterblühend

Öfterblüher: 'Abraham Derby', 200–300 cm; 'Cressida', 180–300 cm; 'Hero', 180–250 cm; 'Leander', 250–300 cm; 'Lucetta', 180–250 cm;

Einmalblüher: 'Constance Spry', 250–350 cm; 'Shropshire Lass', 300–400 cm

solche, die Kugeln oder flachen Rosetten ähnlich sehen.
Von einigen einmalblühenden Sorten abgesehen gehören Englische Rosen in die Klasse öfterblühender Strauchrosen. Erfreulich ist, daß die Blüten der meisten Sorten unempfindlich gegen Regen sind. Eine gesunde Härte zeichnet sie außerdem aus.

'The Yeoman'

'Constance Spry'

Jede Rose duftet anders

Duftrosen lassen sich einteilen in duftbewahrende und duftverströmende Sorten. So muß man bei einigen die Nase dicht an die Blüten halten, während andere von weitem duften. Zu den Sorten, die sich schon aus einiger Entfernung bemerkbar machen, gehört beispielsweise die schöne 'Sutters Gold'.

'Westerland' und weißem Rittersporn

Dabei duftet jede Rose anders. Das ist im Pflanzenreich nicht selbstverständlich, sondern eher eine Ausnahme.

Rosenduft ist lieblich oder morgenfrisch, stark oder von zarter Süße. Er erinnert an Vanille oder edlen Wein, an Himbeeren oder Ananas.

Die Stärke des Rosenduftes wird auch von äußeren Umständen beeinflußt. Je besser die Lebensbedingungen, um so stärker duften die Blüten. Dazu gehören ausreichende Versorgung der Rosen mit Humusstoffen wie Kompost oder Stallmist (gibt es in Tüten) und organisch-mineralischem Dünger, und das regelmäßige Gießen

der Sträucher in längeren Trokkenzeiten. Warmes Wetter ist sehr erwünscht, weil die Sonne die Rosen zu besonderen Duftleistungen anregt.

Es ist auch erwiesen, daß Rosen in schweren Böden stärker duften als in mageren. Allzu stark gedüngte Böden mögen Duftrosen jedoch nicht: Ihr Aroma läßt dann ganz schön zu wünschen übrig. Rosensorten ohne Duft, fangen aber, auch bei allerbester Versorgung, nicht an, plötzlich zu duften. Duftrosen müssen sich schon mit einem Prädikat ausweisen, das sich sowohl auf dem Etikett als in Rosenkatalogen befindet. Sonst ist man sehr enttäuscht.

'Evening Star'   'Duftwolke'   'Duftgold'

Duftrosen

Edelrosen	
'Alec's Red'	kirschrot (ADR-Rose)
'Berolina'	zitronengelb (ADR-Rose)
'Chrysler Imperial'	dunkelrot
'Double Delight'	weiß-rot
'Duftgold'	blutorange
'Duftwolke'	orange (ADR-Rose)
'Erotika'	dunkelrot (ADR-Rose)
'Esmeralda'	altrosa
'Evening Star'	reinweiß
'Mainzer Fastnacht'	fliederfarben (ADR-Rose)
'Olga Tschechowa'	hellgelb
'Papa Meilland'	dunkelrot
'Pariser Charme'	reinrosa (ADR-Rose)
'Piroschka'	reinrosa
'Rosemary Harkness'	orange-gelb
'Royal Albert Hall'	zweifarbig rot/gelb
'Royal Dane'	bronze-kupfer
'Super Star'	salmorange
'Sutters Gold'	goldgelb
'Tatjana'	blutrot
'Whisky'	bronzegelb
'Wimi'	rosa mit lilarotem Rand

Beetrosen	
'Arthur Bell'	goldgelb
'Friesia'	goldgelb
'Margaret Merril'	weiß
'Shocking Blue'	lila

Strauchrosen	
'Gloriette'	reinrosa
'Lichtkönigin Lucia'	zitronengelb
'Rosika'	reinrosa
'Westerland'	gelb mit orange
'C.F. Meyer'	silbrigrosa
'Rosa muscosa'	rosa

Kletterrosen	
'Compassion'	salmrosa
'Goldfassade'	goldgelb
'Lawinia'	reinrosa
'New Dawn'	zartrosa
'Sympathie'	dunkelrot
'White Cockade'	reinweiß

Hochstammrosen	
'Duftwolke'	orange
'Super Star'	salmorange
'Deutsche Welle'	lila-violett
'Friesia'	goldgelb
'Margaret Merrill'	weiß

Rosen mit speziellen Eigenschaften

Rosen, die sich als Schnittblumen eignen

Als Vasenblumen werden vor allem Edelrosen wegen der schön geformten Knospen und der anhaltenden Farbenpracht ihrer Blüten hochgeschätzt. Einige strömen zudem noch einen feinen, manchmal auch intensiven Duft aus. Da bei den klassischen Teehybriden nur eine einzige Blüte am Ende eines meist langen Stiels sitzt, sind sie ohnehin als Schnittblumen geradezu prädestiniert. Manche besitzen besonders schöne, dicht gefüllte Einzelblüten. Es handelt sich dabei um Sorten, die gut und ohne Probleme im Garten wachsen und auch ungeschnitten weiterblühen können und nicht um Treibrosen, die von den Gewächshausgärtnern ausschließlich zur Schnittrosengewinnung angepflanzt werden.

Rosen sollte man nur frühmorgens schneiden, wenn sie von Tau und Bodenwasser vollgesogen und richtig prall sind. Anschließend sollten sie so schnell als irgend möglich ins Wasser gestellt werden. Es empfiehlt sich, nicht zu lange Stiele zu schneiden, weil den Rosen dann zuviel Blätter fehlen. Denn »das Blatt«, so schrieb der Rosenzüchter Wilhelm Kordes, »ist der Magen der Rose und so wie es keinen kräftigen Menschen ohne gesunden Magen gibt, wird es keine schönen Rosen geben, wenn man den armen Dingern die Blätter raubt.«

Gut zu roten Edelrosen passen weiße Blumen wie Nelken und *Alstromeria*

Es sind aber die Edelrosen nicht allein, mit denen sich schöne Sträuße zusammenstellen lassen. So eignen sich Parkrosen ganz hervorragend als Schnittblumen. Außerdem blühen einige Parkrosen im Garten noch vor den Teehybriden. So

Edelrosen für Beet und Vase

Name	Farbe	Wissenswertes
'Alexander'	zinnober/ lachsziegelrot	lange Stiele
'Ambassador'	kupfrig/aprikosen	sehr blühwillig
'Ave Maria'	lachsorangefarben	starker Duft
'Carina'	rosa	langstielig
'Duftwolke'	korallenrot	starker Duft
'Gloria Dei'	goldgelb, rosa getönt	gesunde Teehybride
'King's Ransom'	goldgelb	duftend, lange Stiele
'Landora'	reingelb	winterhart
'Roter Stern'	lachsrot, außen schwarzrot	besonders lange haltbar
'Super Star'	lachsorange	stark duftend
'Sutters Gold'	goldgelb, außen orangefarben	stark duftend, wunderschön
'Sylvia'	kräftigrosa	lange Stiele
'Whisky'	bronzegelb	auffällige Farbe

beginnt der Blütenreigen dieser Rosen mit *Rosa hugonis*, der Chinesischen Goldrose. Gelb blüht auch die *R. spinosissima* 'Maigold' mit halbgefüllten Blüten. Die Freunde schöner Düfte holen sich Moosrosen, *R. centifolia* 'Muscosa' ins Haus, am besten mit kurzen Stielen, damit sie nicht vornüberkippen. Auch sollten Moosrosen nicht zu knospig geschnitten werden; sie blühen sonst im Wasser schlecht auf.

Daneben lassen sich noch viele andere Strauchrosen wie beispielsweise die starkduftende 'Centenaire de Lourdes' mit ihren großen rosa Blüten und die Kletterrose 'New Dawn'

(zartrosa, dicht gefülle Blüten) verwenden. Von den Beetrosen sei stellvertretend für viele andere schöne Sorten 'The Fairy' genannt.

Während bei Edelrosen alle Nebenknospen ausgebrochen werden, um größere und geradere Stiele zu erzielen, ist das bei Beet- und Strauchrosen umgekehrt: die meist verblühte Hauptknospe wird abgeschnitten, sobald eine große Anzahl Nebenknospen erblüht ist. Zu entfernen sind auch alle grünen, noch nicht Farbe zeigenden Knospen. Dadurch wird die Verdunstung herabgesetzt und die Haltbarkeit der Stiele verlängert.

Rosen mit schönen Hagebutten

Es sind hauptsächlich Wild-, Strauch- und Parkrosen, die den Garten mit herrlichem Fruchtbehang verschönen. Da die Hagebutten lange, oft bis in den Winter hinein an den Sträuchern sitzen, bieten sie im an Farben armen Garten, vor allem bei Rauhreif, einen zauberhaften Anblick. Auch die Vögel mögen sie. Hagebutten stellen einen Teil ihres winterlichen Speisezettels dar.

Die Hagebutte ist eine Scheinfrucht, bei der ein Fruchtfleischmantel die eigentlichen nußartigen Früchte, die »Kerne«, umschließt. Außer roten, gibt es auch gelbe, braune bis braunschwarze Hagebutten und sogar eine Rose mit zweifarbigen Früchten: bei der Stacheldrahtrose, *R. omeiensis* 'Pteracantha' sitzen rote Butten an einem gelben Stiel.

Hagebutten sind eiförmig, breitrund, erbsen- bis nußgroß oder sehen aus wie Kugeln, kleine Birnen, Kastanien oder Flaschen. Auch die Reifezeit ist unterschiedlich, sie reicht von Juli *(R. omeiensis* 'Pteracantha') bis in den Herbst hinein. Zu den spätreifenden gehören die heimischen Heckenrosen und die Schottische Zaunrose *(R. rubiginosa)*.

Bei einigen Wild- und Strauchrosen vereint sich die Schönheit der Blüten mit dem attraktiven Fruchtschmuck wie zum Beispiel bei der bereits im Mai/Juni

Nach der Blüte schmücken schöne Hagebutten den Strauch

Die schönsten Hagebutten-Rosen

Name	Form	Farbe	Gruppe
Hundsrose, *R. canina*	länglich	hellrot	Wildrose
Essigrose, *R. gallica* 'Scharlachglut'	kugelig	kirschrot, glänzend, sehr schön	Strauchrose
Hechtrose, *R. glauga* *(R. rubifolia)*	kugelig bis länglich, klein	scharlachrot	Wildrose
Goldrose, *R. hugonis*	kugelig bis abgeflacht	braunrot	Wildrose sehr schön
Rosa moyesii	krugförmig, mit langem Hals	dunkelorangerot	Wildrose
Rosa moyesii (und *R. m.* 'Geranium')	flaschenförmig mit langem Hals	orangerot	Wildrose behaart, sehr groß
Büschelrose, *R. multiflora*	kugelig, klein in großer Zahl	rot	Wildrose

R. rugosa

R. moyesii

blühenden Chinesischen Gold-rose, *R. hugonis* und der Essig-rosen-Sorte *R. gallica* 'Schar-lachglut', deren 2 Meter hohe Büsche sich mit großen, schar-lachroten Blüten bedecken. Die meisten halbgefüllt- oder gefülltblühenden Sorten bilden keine Hagebutten.

Auch einige ältere öfterblü-hende Strauchrosen wie 'Erfurt' (1931), 'Ilse Haberland' (1956) und die Kletterrose 'Flammen-tanz' (ADR-Rose 1952) haben sehenswerte Hagebutten zu bieten.

Die schönsten Hagebutten-Rosen

Name	Form	Farbe	Gruppe
Glanzrose, *R. nitida*	klein, kugelig mit Borsten	rot	Wildrose, im Winter sehr schön
Stacheldraht-rose, *R. omei-sis* 'Pteracan-tha'	rund, klein	›zweifarbig‹, rot mit gelben Stielen	Wildrose stark bestachelt
Alpenrose, *R. pendulina*	länglich, mittelgroß	hellrot bis orange	Wildrose (stachellos)
Schottische Zaunrose, *R. rubiginosa*	länglich, klein	scharlach-rot	Wildrose, von Vögeln bevorzugt
Kartoffelrose, *R. rugosa* Fruchtfleisch	flachkugelig sehr groß, viel	rot	Wildrose, Früchte und Blüten gleichzeitig
Dünenrose, *R. spino-sissima*	klein, flach kugelig	bräunlich bis tief-violett	Wildrose
Rosa sweginzowii 'Macrocarpa'	lang, flaschen-förmig, lang ge-stielt	hellrot bis orangerot	Wildrose, reicher Fruchtbehang
Glanzrose, *R. virginiana*	flach kugelig	rot glän-zend, blei-ben lange am Strauch	Wildrose
Apfelrose, *R. villosa*	rundlich, stachelig, größte Hagebutten (bis 3 cm)	leuchtend rot	Wildrose, von Vögeln um-schwärmt

Auch *R. damescena* trägt im Herbst schöne Hagebutten

Wo Rosen am schönsten blühen

Wohin man Rosen pflanzen kann

Das sind die ersten Überlegungen: Welcher Platz im Garten eignet sich für Rosen, wo wachsen und blühen sie gut und gerne, wo bleiben sie gesund? Die Antwort ist einfach: Rosen mögen Sonne, wenn auch einige im Halbschatten gut gedeihen. Außerdem brauchen sie Platz um sich herum und schätzen ganz und gar nicht die unmittelbare Nähe hoher Bäume und Sträucher, unter deren Wurzeldruck sie leiden. Die Frage »wohin mit den Rosen« wird durch diese Voraussetzungen an den Standort schon zum Teil beantwortet. Grundsätzlich gilt: Plätze für Rosen gibt es in jedem Garten. So können in der Nähe oder direkt am Sitzplatz Edelrosen oder Beetrosen mit edelrosenähnlichen Blüten (Floribunda-Rosen wie 'Queen Elizabeth') ihren Duft verströmen. Auch Hochstammrosen passen besser in die Nähe eines Sitzplatzes oder ans Haus. Man soll sie stets vor Augen haben. Deshalb ist auch eine Pflanzung entlang der Gartenwege angebracht. Rosenbeete mit Beet-, Zwerg- oder Bodendeckerrosen können im Vorgarten, am Rande oder in der Mitte von Rasenflächen

angelegt werden. Vor der Kulisse des Rasengrüns kommen rosafarbene, gelbe und orangerote Beetrosen besonders gut zur Geltung.
Im Vorgarten kann das Rosenblühen mit einem Rosenbogen an der Eingangspforte beginnen und links und rechts des Eingangsweges oder der Einfahrt mit Beetrosen fortgesetzt werden. Es empfiehlt sich, für den

meist kleinen Vorgarten nur eine Beetrosen-Sorte zu pflanzen, die niedrig bleibt und möglichst lange blüht. In größeren Vorgärten kann man mehrere Rosenbeete anlegen mit je einer Sorte je Beet, sonst gibt es ein unruhiges Kunterbunt der Farben. Eine Richtzahl: Für einen Vorgarten von 3 Metern Tiefe reicht ein 60 cm breites Beet mit 2 Reihen Rosen völlig aus.
Wem Rasen oder bodendeckende Gehölze wie Zwergmispeln (Cotoneaster) im Vorgarten zu langweilig sind, kann Bodendeckerrosen pflanzen, die auch

Kletterrose berankt einen Pergola-Pfosten ('Sander's White')

in anderen Gartenteilen, zum
Beispiel an Böschungen, diese
Aufgabe übernehmen.
Kletterrosen sollte man den
meisten Gärten regelrecht verordnen. Sie wachsen an Torbögen, Drahtpyramiden und
Spalieren, blühen an Zäunen,
Lauben und Geländern, an Pergolen, Mauern und Häuserwänden und passen also auch in
kleine und kleinste Gärten.
Ein wahrer Schatz der Gärten
können Strauch- und Parkrosen
sein, ganz gleich, ob es sich um
einmalblühende oder öfterblühende Sorten handelt. Zu diesen
herrlichen Rosen zählen auch

**Kletterrosen sind der schönste
Schmuck von Zäunen und Toren**

die historischen Rosen, die Zen-
tifolien- und Moosrosen und die
sogenannten Englischen Rosen,
das sind wundervolle Kreuzun-
gen von alten und modernen
Rosen. Ihre Verwendung ist
vielfältig. Man kann sie einzeln
oder in Dreiergruppen in Blu-
men- ja sogar in Gemüsebeet
setzen, freistehend in den
Rasen oder die Öfterblüher vor
Gehölze. Einmalblühende
Strauchrosen können zwischen
anderen freiwachsende Sträucher als gleichberechtigte Partner gestellt werden, und aus
Wildrosen schließlich entstehen
undurchdringliche Hecken, die
durch Blüten und Hagebutten

schmückende Akzente im son-
stigen Einerlei der Grenzbe-
pflanzungen setzen.
Zwergrosen beleben Steingärten
und fühlen sich in der Gemeinschaft mit Stauden pudelwohl.
Möglichst nicht einzeln pflanzen,
sondern wenigstens drei oder
fünf von einer Sorte, aber auch
nicht mehr. Balkonkästen und
andere Pflanzgefäße sind weitere empfehlenswerte Aufent-
haltsorte für die Zwerge.

39

Rosenbögen, Pyramiden und Spaliere

Romantiker haben ihn wiederentdeckt und die wahren Rosenfreunde eigentlich nie vergessen: den Rosenbogen. Früher in vielen Gärten eine Selbstverständlichkeit, findet man ihn heute meist nur noch in großen Parks und Rosengärten, aber manchmal auch in kleinsten Schrebergärten. Kletterrosen an Rundbögen, Drahtpyramiden, Pergolen und Spalieren aufgeleitet, sind mehr als nur Ersatz für fehlende Rosenbeete, oft sogar blütenschöner Mittelpunkt des Gartens. Besonders reizvoll ist ein Rosenbogen am Eingang von Haus und Garten. Mehrere Rosenbögen in 2–3 Meter Abstand gepflanzt, werden zu einem prächtigen Laubengang, der die nützliche Langeweile von Gartenwegen wirkungsvoll durchbricht.

Es gibt fertige Rosenbögen aus feuerverzinktem Metall, bei denen nach dem Prinzip der »offenen Leiter«, die Triebe festgehakt werden können. Man braucht sie nicht mehr anzubinden. Die sehr breit angelegten Rosenbögen haben den Vorteil, daß Triebe und Blüten der Rosen voll in den Genuß des Sonnenlichts kommen, daß der Winterschutz (durch Beistecken von Tannenzweigen) und auch das manchmal notwendige Auslichten im Frühjahr bequemer vorgenommen werden kann. Diese Rosenbögen sind zum Freistellen oder zum Anlehnen an Wände in verschiedenen Größen zu haben. Angeboten werden auch Rosenbögen aus Kunststoffmaterialien und Spalierbausätze, Pflanzwände, Stützen für Trauerrosen und Bögen, aus denen man Arkaden und Pavillons zusammenstellen kann.

An jede Seite eines Bogens wird eine Kletterrose gepflanzt, am besten starkwachsende Sorten wie 'Sympathie' oder 'Ilse Krohn Superior'. Wunderschön blüht am Bogen auch 'New Dawn', deren Triebe sich zudem noch leicht biegen lassen. Jede

Sitzplatz unter einem Rosenbogen

Wir informieren Sie gerne kostenlos und unver-
bindlich über unser Verlagsprogramm.

Bitte kreuzen Sie Ihre Interessengebiete an:

☐ (01) Garten und
Zimmerpflanzen

☐ (02) Natur

☐ (03) Angeln/Jagd/
Waffen

☐ (04) Pferde und
Reiten

☐ (05) Sport und
Fitness

☐ (06) Reise und
Abenteuer

☐ (07) Wandern und
Alpinismus

☐ (08) Auto und
Motorrad

☐ (09) Essen und
Trinken

☐ (10) Gesundheit

☐

Name

Vorname

Beruf

Straße

PLZ/Ort

Antwort/Postkarte

**BLV
Verlagsgesellschaft mbH
Postfach 40 03 20**

D-8000 München 40

Liebe Leserin, lieber Leser,

wir freuen uns, daß Sie eines unserer Bücher besitzen. Ihre Meinung darüber ist für unsere Verlagsarbeit sehr wichtig. Bitte schreiben Sie uns, wie Sie auf dieses Buch aufmerksam geworden sind und wie es Ihnen gefallen hat! Vielen Dank für Ihre Mithilfe!

_____

Autor/in und Titel des Buches

Meine Meinung:

_____

_____

_____

_____

Ich bin auf dieses Buch aufmerksam geworden durch:

_____

Wir hoffen, daß Sie weiterhin zum Leserkreis unserer Bücher gehören werden, die Sie bei Ihrem Buchhändler erhalten.

Kletterrose 'Rosarium Uetersen' mit stark gefüllten Blüten

Pflanze braucht Platz um sich herum, etwa 50 × 50 cm und einen gut vorbereiteten, tief gelockerten Boden. Sie müssen auch besonders pfleglich behandelt werden: durch regelmäßige Wasser- und Düngegaben.

Wunderschön wachsen Kletterrosen an Pyramiden, die man aus starkem Welldraht oder Kunststoff fertig bekommt. Auch imprägnierte Holzlatten erfüllen den gleichen Zweck. Die Pyramiden sollten (im Idealfall) etwa 3 m hoch sein und am Boden einen Durchmesser von ungefähr 1–1,5 m Breite aufweisen. Vor allem müssen die Pyramiden sturmfest verankert sein und ausreichend Querverbindungen für das Anbinden der Rosentriebe besitzen.

Wer Kletterrosen an »klassischen« Spalieren ranken lassen will, kann sich fertige Spalierbausätze in Rundbögen oder rechteckiger Form beschaffen. Beim Anbringen der Gerüste ist zu beachten, daß sie nicht zu nahe, Mindestentfernung 15 cm, an der Wand befestigt werden dürfen. Ungeeignet für Rosenspaliere ist die Südseite des Hauses, weil es hier zu Hitzestaus und zu Verbrennungen der Blüten kommen kann. Pergolen sind dagegen rosenfreundlicher, weil die Pflanzen hier genügend Luft bekommen und deshalb gesünder bleiben.

Kletterrosen für Rosenbögen

Sorte	Farbe	Bemerkungen
'Coral Dawn'	korallenrosa	großblumig, edelrosenähnlich, herrlich duftend
'Compassion'	salmrosa	edelrosengleiche, stark duftende Blüten
'Goldstern'	goldgelb	große, gut gefüllte Blüten, lange und reich blühend
'Ilse Krohn Superior'	reinweiß	edelrosenähnliche Blüten, stark duftend
'Paul's Scarlet Climber'	scharlachrot	großblumig, lang und reichblühend
'Rosarium Uetersen'	kräftig rosa	große, gut gefüllte Blüten, Wildrosenduft
'Sympathie'	dunkelrot	edelrosenähnliche Blüten, Wildrosenduft

Rosen an der Gartengrenze

Hecken aus Wildrosen sind dicht, undurchdringlich und bieten dank ihrer starken Bestachelung den Singvögeln katzensichere Nistgelegenheiten und mit ihren Hagebutten Nahrung im Winter. Außerdem erfreuen die meisten Heckenrosen noch durch hübsche Blüten im Frühling. Solche Hecken sind pflegeleicht und brauchen nicht allzu stark geschnitten werden. Sie sollen sich im Gegensatz zu der üblichen Schnittmethode natürlich entwickeln. Wildrosen brauchen deshalb in der Hecke genügend Platz um sich, etwa einen Streifen in einer Breite von zwei Metern bei 1–2 Pflanzen je Meter. Rosenhecken passen auch dort, wo ein Gartenteil optisch abgetrennt werden soll oder wo Windschutz angebracht ist.

Der Pflegeaufwand beschränkt sich auf Schnittmaßnahmen. Die Rosen müssen ja nach Wachstum von Zeit zu Zeit zurückgeschnitten oder ausgelichtet werden. Eine Verjüngung sollte man niemals radikal durchführen. Es sind vor allem Wildrosen, die für eine Hecke in Frage komen, wenn auch starkwachsende Polyantha-Hybriden oder Floribunda-Rosen ('Queen Elizabeth') für diesen Zweck verwendet werden können. Man sollte sie aber mehr innerhalb des Gartens pflanzen, weil sie nicht so robust sind und deshalb als Abgrenzung beispielsweise zur

Straße, nicht in Frage kommen. Das gilt auch für öfterblühende Strauchrosen, die nach Absprache mit dem Nachbarn als Grenzbepflanzung dienen können. Geeignet sind aufrecht wachsende Strauchrosen-Sorten, die keine Stütze brauchen wie 'Feuerwerk' (lachsrote, halbgefüllte Blüten) in 1–1,5 m Abstand pflanzen; 'Lichtkönigin Lucia' (große, gelbe, gefüllte Blüten), 1 m Abstand, 'Westerland' (orangefarbene, gefüllte Blüten), 1,5 m Abstand.

R. canina 'Kiese' (rechts)

Stacheldrahtrose, *R. omeiensis* 'Pteracantha' (ganz rechts)

Wildrosen für Hecken

Sorte	Höhe (m)	Blütenfarbe und Hagebutten	Wissenswertes
Hundsrose, *R. canina*	2–3	zartrosa, fast weiß; Früchte hellrot, länglich	Vogelnährgehölz, anspruchslos, 1–2 m Pflanzabstand
Hundsrose, 'Kiese'	2–2,5	feurig-blutrot, innen weiß; Früchte birnenförmig	Vogelschutzgehölz, 1–2 m Pflanzabstand
Büschelrose *R. multiflora*	2–3	weiß; zahlreiche Früchte, klein, rot	Pflanzabstand 1,5–2 m
Schottische *R. rubiginosa*	2–2,5	rosa; Früchte länglich, scharlachrot	Vogelnährgehölz ('Hagebuttenrose') 1,5–2 m Pflanzabstand
Kartoffelrose *R. rugosa*	1–1,2	hellrot, Früchte: sehr groß, rot	kalkempfindlich, als Hecke 2–3 Pflanzen je lfd. Meter
Weiße Kartoffelrose, 'Alba'	0,8–1	weiß; Früchte: sehr groß	kalkempfindlich, als Hecke 2–3 Pflanzen je lfd. Meter
Stacheldrahtrose, *R. omeiensis* 'Pteracantha'	2–3 (und höher)	weiß, sehr reichblütig; Früchte: rot	sehr große (und schöne Stacheln, 1 m Pflanzabstand
'Frühlingsgold' *R. spinosissima*	2,5–3	gelb, sehr schön	Pflanzabstand 2–3 m
'Parkjuwel' *R. centifolia*	1,5–1,8	rot, groß gefüllt, duftend	stark bestachelt, Vogelschutzgehölz
'Scharlachglut' *R. gallica*	2–3	scharlachrot, groß; Früchte: kirschrot, sehr schön	starkwüchsig, Pflanzabstand 3 m

Rosenblüten an der Mauer ('Parade')

43

Rosen wie im Bauerngarten

Rosen sind aus den leider immer seltener werdenden Bauerngärten nicht wegzudenken. Noch heute stößt man gelegentlich in solchen Anlagen auf wunderschöne, meist alte Rosenstöcke, die prächtig zwischen Kohl und Tomaten wachsen und blühen. Zwar waren Flieder und der Pfeifenstrauch mit seinen duftschweren Blüten und die Heckenkirsche, *Lonicera tatarica*, traditionelle Konkurrenten der Rosen, genauso wie der Holunder und die Schlehe, die wie die Rose etwas wichtiges zu bieten hatten: Früchte, die in der Küche der Bauersfrau zu Marmelade oder Saft verwertet wurden. Zudem wurden früher ein Arzt oder ein Apotheker nie oder nur selten bemüht. Man hatte ja die Hagebutten und die Rosenblätter. Rosenwasser gab es zur Stärkung des Herzens, Rosenhonig wurde dem Fieberkranken eingeflößt und Hagebuttentee gegen allerlei Unwohlsein. Die Wildrosen und andere einmalblühende Strauchrosen dienten ebenfalls einem sachlichen Zweck. Sie wurden als Heckenpflanzen verwendet, um das freilebende Federvieh am Ausbrechen zu hindern. Da in unseren Gärten eine Kleintierhaltung kaum möglich oder erwünscht ist, übernehmen wir die Heckenrosen »nur« wegen ihrer natürlichen Schönheit und ihres oft herrlichen

Duftes, mit denen uns vor allem die Moosrose *Rosa centifolia* 'Muscosa' und viele alte, historische Rosen erfreuen. Jeder kann die Rosen des Bauerngartens wieder blühen lassen, ohne gleich den ganzen Garten umgestalten zu müssen. Es gibt sie fast alle wieder. Die meisten sind recht robust und widerstandsfähig gegen Schädlinge und Krankheiten.

Alte Rosen, Park- und Moosrosen wie 'Mrs. John Laing', 'Conrad Ferdinand Meyer', 'Marguerite Hilling' und andere werden einzeln gepflanzt, am wirkungsvollsten in Blumenoder Gemüsebeete. Beetrosen und schwächer wachsende, öfterblühende Strauchrosen ergeben zur Blütezeit zu Dreien eng gepflanzt (1 Meter voneinander) prächtige Bilder. Sie sind genauso zuständig für Bauerngärten wie ihre »Eltern« die Weiße Rosen (*R. × alba*), Damaszenerrosen (*R. × damascena*), Hundsrosen (*R. canina*), Kapuzinerrosen (*R. foetida*), Essigrosen (*R. gallica*), Zimtrosen (*R. majalis*), Bibernellrosen (*R. pimpinellifolia*), Kartoffel-

---

Für einen Sitzplatz, eine Laube oder eine Pergola ist besonders die Englische Rose 'Constance Spry', eine Strauchrose mit gefüllten, rosafarbenen Blüten zu empfehlen.

In einem Bauerngarten mit viel Gemüse beranken Rosen meist die Zäune

rosen (*R. rugosa*) und die Weinrosen (*R. rubiginosa*).

Auch Kletterrosen schaffen Bauerngartenatmosphäre. Vor allem, wenn sie Torbögen, Lauben und große ältere Bäume, insbesondere Hochstämme beranken. Es sollte sich dabei um Laubbäume mit lockerer Krone handeln. Aber auch Eiben (*Taxus baccata*) und sogar Fichten sind als lebende »Gerüste« geeignet. Einige Rosensorten haben die »Baumprobe« gut bestanden und können empfohlen werden:

'Kiftsgate', rahmweiß, gut duftende Blüten, bis 10 m lange Triebe.

'Bobby James', cremeweiße, duftende Blüten, bis 6 m lange Triebe.

'Seagull', weiße Blüten mit goldgelben Staubgefäßen, 4–5 m lange Triebe.

'American Pillar', kleine, einfach karminrosa Blüten mit weißem Auge, bis 6 m lange Triebe.

'Paul's Himalayan Musk Rambler', kleine, duftende violettrosa Blüten, Triebe bis zu 10 m.

Für eine Rosenlaube eignen sich diese und andere starkwachsende, neue und alte Kletterrosen. Besonders schön entwickelt sich die Englische Rose 'Constance Spry', eine Strauchrose mit gefüllten, nach Myrte duftenden, rosafarbenen Blüten, die im Juli an den 2–3 m langen Trieben in überreicher Fülle erscheinen.

Rosen in Balkonkästen und anderen Pflanzgefäßen

Voraussetzung für ein gutes Gedeihen von Rosen in Balkonkästen und anderen Pflanzgefäßen ist vor allem ein ausreichender Platz für die Wurzeln, deren starkes Wachstum in keinem Verhältnis zu der eher schwachen Wurzelbildung angestammter Balkonpflanzen wie Geranien und Fuchsien steht. Außerdem sollten Zwergrosen, auch wegen ihrer hohen Wasseransprüche möglichst nicht mit anderen Gewächsen wie Geranien zusammengepflanzt werden. Bei Hochstammrosen können allerdings niedrig bleibende und robuste Einjahrsblumen wie Steinkräuter, *Lobularia maritima*, und Husarenknöpfchen, *Sanvitalia procumbens*, die Langeweile der großen Gefäße wirkungsvoll durchbrechen. Eine Zupflanzung in einen Behälter mit fest eingewurzelten Rosen ist allerdings nicht zu empfehlen. Man sollte die Blumentöpfe ganz einfach zu Füßen der Rosen anordnen. Rosen in Balkonkästen und anderen Pflanzgefäßen brauchen viel und gute Erde, am besten vorgedüngte Balkonblumenerde, reichlich Feuchtigkeit, vor allem nach der Pflanzung bis zum Einwachsen und nach 3 Wochen alle 14 Tage (bis Ende August) einen speziellen Rosendünger. Wer will, kann Zwergrosen wie zum Beispiel die Meillandiana-Sorten für kurze Zeit ins Zimmer stellen. Ihr angestammter Platz ist jedoch im Freien. Schon deshab, weil sie in geschlossenen Räumen nicht zum zweitenmal blühen, wohl aber auf dem Balkon oder der Terrasse, wenn sie nach der Blüte zurückgeschnitten werden.

Zwergrosen in einem alten Keramikgefäß (rechte Seite)

Zwergrosen, hier Meillandiana-Sorten in einem geräumigen Balkonkasten

Aus Container-Rosen werden Kübelpflanzen

Als Kübelpflanzen zu empfehlen sind die sogenannten Container-Rosen, die in blumentopfähnlichen Behältern aus Kunststoff herangezogen werden. Man stellt den Container ganz einfach in einen Keramikübertopf und bringt diese »klassische« Kübelpflanze an einen möglichst sonnigen Platz und versorgt sie wie die Balkonrosen reichlich mit Wasser und bis zum Spätherbst auch mit Flüssigdünger. Diese Container-Rosen sind in vielen schönen Sorten erhältlich. Besonders eignen sich für diesen Verwendungszweck die Hochstämme (90 cm hoch), die man in herrlichen Edel- und Beetrosen-Sorten und -Farben bekommt. Für kleinere Balkon- und Terrassenverhältnisse bieten sich Halbstämmchen (60 cm) und Fußstämmchen (40 cm) an; hier wurden Zwerg-Topfrosen und Bodendecker auf Stamm veredelt.

Zwergrosen eignen sich auch als Grabschmuck. Dabei ist eine Pflanzung in nicht zu flache Blumenschalen zu empfehlen, da diese Rosen dann nach der Blüte herausgenommen und im Garten wieder ausgepflanzt werden können.

Zwergrosen für Töpfe, Kübel und Balkonkästen

Sorte	Farbe	Höhe (cm)	Bemerkungen
'Angelita'	weiß, farbig überhaucht	10–30	leicht überhängender Wuchs
'Baby Maskerade'	mehrfarbig, gelb/rot	20–40	sehr buschig wachsend
'Finnstar'	orangefarben	30–50	sehr reichblühend
'Guletta'	reingelb	20–40	leicht duftend
'Little Artist'	blutrot mit weiß	20–30	bleibt sehr niedrig
'Morena'	lachsrosa	20–40	kräftig und breitbuschig wachsend
'Red Det 80'	leuchtend scharlachrot	20–40	breitbuschig, sehr kompakt wachsend
'Scarletta'	orange-scharlachrot	30–50	reich- und lange blühend
'Teeny Weeny'	rosa mit weiß	20–40	buschig wachsend, sehr reichblühend
'Wanaka'	orangerot	20–40	buschig und kompakt wachsend

Außerdem eignen sich zwei Zwergrosengruppen für eine Pflanzung in Kästen, Töpfen und Schalen. Sie heißen Meillandiana-Topfrosen, bleiben niedrig, blühen reich in den Farben goldgelb, hellgelb, weiß und verschiedenen rosa und roten Farbtönen. Die Minijet-Topfrosen bleiben noch niedriger und bieten kleinere Blüten in den Farben rot, rosa, weiß und gelb.

Rosen und Partner

Stauden

Die schönsten Gartenbilder gibt es, wenn den Rosen andere Pflanzen zugeordnet werden. Vor allem Blütenstauden, aber auch Gräser und Stauden, die durch schönes Blattwerk zieren. Sie sind für die Rosen so etwas wie ein Spiegel, der ihre Schönheit verdoppelt. Dabei müssen die Farben der Blütenpartner harmonieren, eine Farbe soll die andere loben.

Die Zuordnung von Stauden erhöht aber nicht nur die Wirkung der Rosen, sondern hilft auch die Zeiten im Jahr zu überbrücken, in denen die Rosenbüsche nicht blühen und auch sonst wenig ansehnlich sind. Dabei soll die Beschränkung auf einige wenige Stauden-Arten oberstes Gebot sein. Auch müssen die Farben und Formen von Rosen und Stauden gut zueinander passen. Wunderschön sieht es aus, wenn sich die hohen blauen Blütenrispen der Rittersporne aus einem Beet mit gelben Beetrosen erheben oder wenn zu Füßen roter Edel- oder Beetrosen ein weißes oder rosafarbenes Schleierkraut seine feinen Blütenschleier ausbreitet.

Beetrosen zwischen gelben Edelgarben und blauer Stauden-Salbei

48

Ansprüche an den Stauden-Partner

Nicht jede Staude paßt zu Rosen. Man muß die jeweiligen Standort- und Pflegeansprüche bedenken. Weil Rosen, von Wildrosen abgesehen, zumeist intensive Pflege und einen, wegen des notwendigen An- und Abhäufelns, offenen Boden brauchen, sind Beet- und Prachtstauden oder Wildstauden zu empfehlen, die Beetstauden-charakter haben, also keine Solitärpflanzen, die sich durch die Pflegearbeiten gestört fühlen. Gut eignen sich Polsterstauden zum Beispiel für die Umrandung von Edelrosenbeeten, auch deshalb, weil die meisten im Frühjahr noch vor den Rosen blühen. Dazu gehören zum Beispiel Schleifenblumen *(Iberis sempervirens)*, die eigentlich zu den Sträuchern gehören, Polsterglockenblumen *(Campanula carpatica* 'Blue' und 'White Clips')*, Kissenastern *(Aster dumosus* in verschiedenen Sorten und Farben), Schleierkraut *(Gypsophila)*, Hornkraut *(Cerastium biebersteinii)* und andere.

Alle den Rosen zugeordnete Stauden müssen eine hohe Lebenserwartung mitbringen und Sonne vertragen. Wehleidige und anspruchsvolle Arten haben in Rosennähe nichts zu suchen. Bei Neuanlagen ist zu beachten, daß die Rosen weiter als üblich gepflanzt werden, damit die Stauden genügend Bewegungsfreiheit haben. Der Boden unter den Rosen sollte frei bleiben, damit man ihn lockern, düngen und im Spätherbst anhäufeln kann. Machen sich die bodendeckenden Kleinstauden allzu breit, stecken wir ihre Triebe rund um die Rosen einfach ab.

Stauden für weiße Rosen

Weißblühenden Beet-, Strauch- und Bodendeckerrosen kann man, um Ton-in-Ton-Effekte zu erzielen, Stauden mit silbernen oder weißen Blüten zugesellen. Dazu bieten sich an: Edelraute *(Artemisia schmidtiana* 'Nana')*, Silbergarbe *(Achillea ageratifolia)*, Perlkörbchen *(Anaphalis triplinervis)*, Hornkraut *(Cerastium biebersteinii)*. Für Kontraste zum Blütenweiß der Rosen sorgen der niedrige Staudenlein *(Linum perenne)*, blaublütige Storchschnabelarten

Gut zu Rosen passen ein- und mehrjährige Margeriten.

Rittersporn und gelbe Edelrose 'Mabella' (rechts)

Rosen zwischen blauem Salbei und Gräsern (unten)

(Geranium grandiflorum 'Johnson's Blue'*)*, die Feinstrahlaster *(Erigeron-*Hybriden 'Adria' oder 'Foersters Liebling*)* und blauvioletter Ehrenpreis *(Veronica incana)*. Wer Platz hat, sollte die nur 30 cm hohe trockenheitsliebende Katzenminze *(Nepeta × faassenii)* pflanzen, die sich polsterartig ausbreitet und auch zu den, zu Unrecht als kontaktarm verschrienen Edelrosen paßt.

Zu rosafarbenen und roten Rosen passen blaue Stauden

Zu rosa- und rotblühenden Rosensorten gehören vor allem blaue Stauden. Das gleichwertige Blau wirkt beruhigend, ohne zu dominieren. Neben den schon weißen Rosen begleitenden Ehrenpreis, Katzenminzen und blioblühenden Geranium-Sorten sind das vor allem Rittersporne *(Delphinium)*, die aber nie in großen Mengen den Rosen zugeordnet werden sollten. Sie setzen nur Akzente, um die Wirkung der Rosen nicht zu beeinträchtigen. Mengenverhältnis etwa: 1 Rittersporn zu 5 Rosen. Zu den schönsten Rittersporn gehören immer noch die Züchtungen von Karl Foerster wie »Berghimmel«, »Finsteraarhorn« und »Sommer-

nachtstraum«. Ein »klassischer« Rosenbegleiter ist der Lavendel, der schöne duftende Büsche bildet und auch eine positive Wirkung auf unerwünschte Insekten hat. Er soll Blattläuse und Ameisen von den Rosen fernhalten. Weitere blaublütige Rosenbegleiter sind: Prachtscharte *(Liatris)*, Staudenlein *(Linum perenne)*, Skabiose *(Scabiosa caucasica)*. Zu beachten ist, daß tiefdunkelrote Rosenfarben nicht gut mit blaublütigen Stauden harmonieren. Man sollte gelbe und weiße Sorten vorziehen.

Gelbe Rosen und blaue Stauden

Rittersporn und Ehrenpreis *(Veronica longifolia)* und alle anderen bisher genannten blauen Stauden wirken auch in gelben Rosenbeeten wunderschön, genauso wie die im Herbst blühenden hochwachsenden Hebstastern *(Aster novae-angliac* und *A.noviibelgii)* und niedrige Kissenastern *(A.dumosus)*. Auf diese späten Astern sollte man nie verzichten: Sie versöhnen uns mit dem Abschied der Rosenblüte. Beide Farben erhalten durch solche Blütengemeinschaften eine besondere Tiefe und Leuchtkraft.

Rittersporn, schönster Partner der Rosen ('Super Star', oben)

Paßt gut dazwischen: Frauenmantel *(Alchemilla)*

Gräser und Wildrosen

Wildrosen, einfachblühende Park- und Strauchrosen brauchen ganz andere Nachbarn. Zu ihnen passen Stauden und Gräser mit Wildcharakter. Den natürlichen Eindruck dieser Rosen unterstützen Kugeldisteln *(Echinops bannaticus)*, Eisenhut *(Aconitum)*, Salbei *(Salvia nemorosa)* nd eine ganze Reihe Gräser wie der 20–40 cm hohe Blaustrahlhafer *(Helictotrichon)*, das Bärenfellgras *(Festuca scoparia)*, der Schafschwingel *(Festuca ovina)*, die auch für Beetrosen und Edelrosenbeete geeignet sind.

So richtig naturnah werden Gartenecken durch die Verbindung von Wildrosen und anderer Strauchrosen mit Staudengräsern wie dem höher wachsenden Atlasschwingel *(Festuca mairii)*, 60–100 cm, den Pfeifengräsern *(Molinia altissima, Molinia caerulea)* 40–80 cm, der Rutenhirse *(Panicum virgatum)*, 50–100 cm mit wunderschönen rotbraunen, im Herbst sich stark färbenden Blättern, dem Federborstengras *(Pennisetum compressum)*, 80–90 cm, dem Reihenfedergras *(Stipa barbata)*, 30–80 cm, wirkt sehr elegant und dem Büschelhaargras *(Stipa capillata)*, 30–80 cm.

Rosen zwischen Blaustrahlhafer (Helictotrichon)

Wenn ältere Rosen umgesetzt werden müssen

Ein Garten kann nicht umziehen, die hohen Bäume müssen zurückbleiben, nur die Rosen dürfen mit, die so manchem Gartenfreund ans Herz gewachsen sind. Sicher wäre es einfacher, neue Pflanzen in neuen Sorten zu kaufen, aber wer will sich schon von Rosen trennen, die mit vielen Erinnerungen verbunden sind. Damit das Umsetzen gelingt, sollte die Pflanzaktion möglichst im Spätherbst vorgenommen werden. Außerdem muß man die Rosen mit allen Wurzeln ausgraben und nach dem Abschneiden verletzter Wurzeln genauso tief setzen, wie sie vorher gestanden haben. Die Erde an der Pflanzstelle wird mit möglichst grobbrokkigem Kompost gemischt und nach dem Einsetzen festgetreten. Dann angießen und mit Kompost oder Rindenmulch (nie mit Torf!) anhäufeln. Sparrige Strauch- und Beetrosen sollten schon vor dem Transport zurückgeschnitten werden. Im Frühjahr wird der Erdhügel wieder entfernt.

Laubgehölze und Koniferen

Den Rosen sollte man Partner verordnen: Durch das Miteinander verschiedener Pflanzenarten und Gruppen entstehen schöne und naturnahe Gartenbilder, und durch die Nachbarschaft mit anderen Gewächsen bleiben die Rosen gesünder. Bei Rosen, die dicht nebeneinander stehen, treten Pilzkrankheiten sehr viel stärker auf als bei Rosen, die mit anderen Pflanzen in Gemeinschaft leben.

Einfassungen: Rosenbeete können mit niedrigen Gehölzen eingefaßt werden, zum Beispiel mit Buchsbaum *(Buxus sempervirens)*, den man regelmäßig kurz halten muß. Freiwachsen können dagegen Zwergmispeln wie die immergrünen *Cotoneaster dammeri* var. *radicans* oder 'Coral Beauty', die hübsch natürlich über den Plattenweg wachsen.
Geradezu prädestiniert für die lockere Verbindung von Steinweg und Rose sind die nur 15 cm hohen, über und über blühenden (Juni–September)

Sonnenröschen *(Helianthemum hybridum)*, von denen die gelbblühende Sorte 'Sterntaler' so gut zu rosafarbenen Rosen paßt. Mit Lavendel, der genauso wie die immergrüne Schleifenblume *(Iberis sempervirens)* ein Zwergstrauch ist, werden die Rosen in einem wunderschönen Rahmen gestellt. Wer eine immergrüne Randbepflanzung wünscht, halte sich neben den genannten Felsenmispeln an die niedrigen, meist kriechenden *Euonymus*-Arten *E. fortunei* var. *radicans* und *E. f. vegetus* 'Minimum'.
Immergrüne Nadelgehölze für diesen Zweck gibt es natürlich auch. Zum Beipiel kriechende und flach auf dem Boden liegende Wacholderarten, *Juniperus communis* 'Hornibrookii', *J.c.* 'repanda', *J. horizontalis* 'Glauca', *J. sabina*, 'Tamariscifolia' und die Kissenfichte *Picea abies* 'Little Gem'.
Gehölze zwischen Rosen: Sie sollen die blütenlose Zeit überbrücken und die Wirkung der Rosen fördern. Diese Aufgabe erfüllen einige reizvolle, schwachwachsende Gehölze, die in Ausdehnung und Ausstrahlung stets den Rosen den Vortritt lassen. Scheinhasel *(Corylopis pauciflora)* Blütezeit im März/April, 100 cm hoch. Deutzien *(Deutzia gracilis)*, blühen weiß im Mai/Juni und sind 70 cm hoch. Die Bartblume *(Caryopteris clandonensis* 'Hea-

Alte Kletterrose von 1828: 'Felicité et Perpètue'

Rosen eingerahmt von Buchs-baumhecken und Buchs-Pyramiden

venly Blue'), bietet dunkellila Blüten von August–September und wird 100 cm hoch; das Johanniskraut *(Hypericum patulum* 'Hidcote Gold'), erfreut mit leuchtend goldgelben Blüten von Juli–Oktober, Höhe 120–150 cm. Außerdem passen zu Rosen wegen ihres schmukken Blätterkleides *Euonymus fortunei* 'Vegetus', die sich im Herbst mit schönen Früchten schmückt und das Heiligenkraut *(Santolina chamaecyparissus)* mit seinen weißfilzigen, immergrünen duftenden Blättern. Eine Zuordnung von Nadelgehölzen ist eine Platzfrage. In Frage kommen schwachwachsende und niedrigbleibende Koniferen wie die Zwergkiefer *Pinus mugo* var. *mughus*, 80–100 cm hoch, *Pinus pumilio* 'Glauca', 60–100 cm, die Muschelzypresse *Chamaecyparis obtusa* 'Nana Gracilis', 40–50 cm, die Tafeleibe, *Taxus baccata* 'Repandens', 60–80 cm, Zwerg-Hemlock-Tanne, *Tsuga canadensis* 'Jeddeloh'.
Bei der Pflanzung von Nadelgehölzen ist darauf zu achten, daß ein Abstand von mindestens 120 cm von der Rose zu ihrem Strauchnachbarn eingehalten wird, weil die Gehölze immer größer werden.

* Die Höhenangaben beziehen sich auf einen Zeitraum von 10–15 Jahren nach der Pflanzung. Später werden die Gehölze höher.

Einjahrsblumen

Bei der Zuordnung von einjährigen Blumen zu Rosen ist Zurückhaltung geboten. Die oft allzu grellen Farben schmälern die Wirkung der Rosen beträchtlich, was besonders für Beet- und Knollenbegonien, Petunien, Tagetes, aber auch für Zwergastern gilt, die zwischen und in der Nähe von Rosen nichts zu suchen haben. So sollte sich die Verwendung von einjährigen Sommerblumen auf farblich zurückhaltende, nicht zu sehr in die Höhe und Breite wachsende Arten beschränken. Es sind vor allem weiße und blaue Farben, die die Wirkung der Rosenblüten fördern, zusammen mit dem Blattsilber des Greiskrautes, *Senecio bicolor*, das manchem langweiligen Rosenbeet geradezu verordnet werden sollte.

Einjahrsblumen, die zu Rosen passen

Leberbalsam *(Ageratum houstonianum):* bekannte Balkonpflanze mit mittel- bis tiefblauen Blüten; je nach Sorte 12–15 cm hoch, buschig oder 60 cm hoch (Schnitt-*Ageratum*) locker wachsend. Anzucht schwierig, deshalb Pflanzen kaufen.

Kapaster *(Felicia amelloides):* eigentlich mehrjährige Pflanze mit zierlichen Blättern und klitzekleinen, hellblauen Asternblüten, paßt besonders gut in die Nähe von Hochstammrosen; im Herbst zurückschneiden und wie Fuchsien überwintern.

Duftendes Steinkraut, auch Duftsteinrich genannt *(Lobularia maritima)*

Anzucht schwierig, Stecklingsvermehrung möglich. Fertige Pflanzen im Garten-Center erhältlich.

Schleierkraut *(Gypsophila):* die weißen Sorten bevorzugen wie *G. repens*, 15 cm, die großblumigen 'Maxima Alba', 45 cm, *G. paniculata* 'Schneeflocke', 100 cm hoch. Aussaat direkt an Ort und Stelle, Pflanzen auf 15 cm Abstand vereinzeln.

Steinkraut, Duftsteinrich *(Lobularia maritima):* knapp 10 cm hohe Pflänzchen mit süßduftenden, ununterbrochen erscheinenden Blüten. Die weißen Sorten wie 'Schneeteppich', 'Schneehaube', 'Snow Christals' (besonders schön!) sind sehr zu empfehlen, die violetten nicht. Aussaat direkt an Ort und Stelle. Vereinzeln ist nicht nötig.

Salbei *(Salvia):* die einjährigen Salbei-Arten wie *S. farinacea* 'Viktoria' (60 cm), *S. hormium* 'Oxford Blue' (60), bringen blaue bis blauviolette Töne ins Rosenbeet, die zu fast jeder Rosenfarbe passen.

Husarenknöpfchen *(Sanvitalia procumbens):* 12 cm hoch, Aussaat an Ort und Stelle, überall dorthin, wo die Sonne scheint.

Silberblatt *(Senecio bicolor):* wegen der silbergrauen Blätter als »Kontrastpflanze« zu Rosen sehr zu empfehlen. Je nach Sorte 20 oder 30 cm hoch. Die Blüten sind unbedeutend. Wird in Gartencentern angeboten.

Blumenzwiebeln

So schön die Frühlingsblumen auch sind, zwischen oder unter Rosen haben sie nichts zu suchen. Denn da muß das Laub der Blumenzwiebeln nach der Blüte verwelken, und das darf aus Gründen der Regenerierung der Zwiebel nicht abgeschnitten werden, was den Rosenfreund natürlich stört. Das wäre nur äußerlich. Schaden nehmen würden Tulpen, Hyazinthen und sogar die robusten Narzissen durch das Anhäufeln der Rosen im Herbst und das Abhäufeln im Frühjahr. Sogar Kleinblumenzwiebeln wie Schneeglöckchen, Krokusse, Scilla, Winterlinge und Zwiebel-Iris würden selbst bei größter Vorsicht unter Rechen und Hacke leiden.

Bei der »Verschwisterung der Rose mit anderen Pflanzen«, wie der große Gärtner und Pflanzenzüchter Karl Foerster die Zuordnung von Begleitpflanzen nannte, sollten Einjahresblumen und Stauden nur die Aufgabe haben, die Wirkung der Rose auf natürliche Weise zu erhöhen. Auch muß die Nachbarschaft der Edelrosen anders sein als die der Wildrosen, die mit Partnern wie Gräsern und Salbei erst ihre wirkliche Schönheit entfalten.

Wenn überhaupt, sollte man Blumenzwiebeln freiwachsenden Strauch- und Wildrosen zuordnen, weil diese nicht an- und abgehäufelt werden und von Schnittmaßnahmen weitgehend verschont bleiben. Hier ist Platz zum Beispiel für Zierlauch-arten wie den Goldlauch (*Allium moly*), der von Mai bis weit in den Juni hinein leuchtendgelbe Blütendolden trägt.

Schön blau bis violett ist die einjährige *Salvia farinacea* 'Viktoria'

Rosenpflanzung

Güteklassen und Bestimmungen

Beim Einkauf der Rosen sollte auf Qualität geachtet werden. Die Rosen müssen grüne Triebe und eine glatte Rinde besitzen. Das Holz sollte gut ausgereift sein; beim Fingerdruck muß es sich fest anfühlen. Rosen in Kunststofftüten müssen frischgrün aussehen. Durch eine zu lange und zu warme Lagerung sind die Rosen manchmal vertrocknet oder haben vorzeitig ausgetrieben. Eine genaue Kontrolle ist angebracht. Bei einer Bestellung über eine Versandfirma ist das schwieriger. Von den bekannten Rosenschulen kann man mit Sicherheit bestes Pflanzenmaterial erwarten. Rosen der Güteklasse A müssen mit mindestens drei Trieben ausgestattet sein, wovon zwei aus der Veredlungsstelle kommen sollen, während sich der dritte bis 5 cm darüber entwickeln darf. Rosen der Güteklasse B sind noch gut entwickelte Pflanzen mit mindestens 2 Trieben, die aus der Veredlungsstelle entspringen. Rosen, die nicht den Bestimmungen der beiden Güteklassen entsprechen, werden von den Mitgliedsbetrieben des BdB (Bund deutscher Baumschulen) nicht gehandelt. Es empfiehlt sich deshalb, bei solchen Firmen, den großen bekannten

Rosenschulen, beim Züchter, in guten Gartenfachgeschäften und bei seriösen Versandfirmen zu kaufen, auch wenn man dort vielleicht ein wenig mehr bezahlen muß. Doch der Aufwand lohnt sich, schließlich bekommt man dann auch einwandfreie Pflanzen.

Für Hochstammrosen gelten andere Bestimmungen. Von Stammrosen der Güteklasse A werden Triebe mit je 2 Augen, von der Güteklasse B wird wenigstens 1 Trieb gefordert. Auch die Stammhöhen liegen fest: Hochstämme müssen 90 cm, Zwergstämme 60 cm, Trauerstämme (Hochstämme mit aufveredelten Kletterrosen) 140 cm hoch sein.

Der pflanzfertige Ballen löst sich in der Erde auf

Angebotsformen

Rosen werden in verschiedenen Formen gehandelt: Traditionell mit nackten Wurzeln, so wie sie in den Baumschulen im Herbst gerodet werden. Es gibt sie einzeln oder in Bündeln mit 5 oder 10 Stück. Sie sind meist besonders preiswert und werden gelegentlich auch als Sonderangebot verkauft.

Rosen in Tüten und Kartons

Manchmal werden Rosen in Kunststofftüten oder Kartons angeboten. Es handelt sich dabei um vorverpackte Rosen, mit nackten Wurzeln, die in Moos oder anderen organischen Materialien eingepackt sind. Oft sind die Pflanzen mit Wachs eingesprüht (unschädlich), um die Verdunstung zu mindern. Damit die Rosen in die Tüten oder Boxen hineinpassen, wurden die Wurzeln und Triebe eingekürzt, was dem Pflanzschnitt entspricht, der dann überflüssig wird.

Vorgepackte Rosen mit Ballen

Sicherer wachsen vorgepackte Rosen mit pflanzfertigem Ballen an. Unter den Handelsbezeichnungen 'Plant-o-fix' werden bekannte Rosen-Sorten angeboten, die pflanzfertig geschnitten und oberirdisch ebenfalls mit einer dünnen Wachsschicht überzogen sind. Das Besondere: die Wurzeln sind balliert, wachsen also sofort weiter. Auch bei dem System 'Garten-Juwel' befinden sich die Wurzeln in einem Schutzbeutel.

Container-Rosen

Containerpflanzen bieten die Garantie für sofortiges Weiterwachsen, weil die Wurzeln beim Verpflanzen unbeschädigt bleiben. Beim Einkauf unbedingt kontrollieren, ob die Rosen tatsächlich im Topf herangezogen und nicht als Pflanze mit nackten Wurzeln eingetopft wurden. Erkennungszeichen für gute Qualität: gut durchwurzelter

Ballen. Hat die Rose noch keinen festen Ballen gebildet, sollte man sie mit dem Topf einsetzen und mit dem Austopfen bis zum Herbst warten. Pflanzanleitung für pflanzfertige Rosen ('Garten-Juwel'): Schutzbeutel abziehen, Bindung aufschneiden. Rose mit Netzballen etwa eine 1/2 Stunde in Wasser stellen. Pflanzgrube ausheben, Sohle lockern, Rose mit Netzballen einpflanzen. Erde beifüllen, andrücken und gut einschlämmen. Die Veredlung muß sich ungefähr 5 cm unter der

Rosen mit nackten Wurzeln und im Container

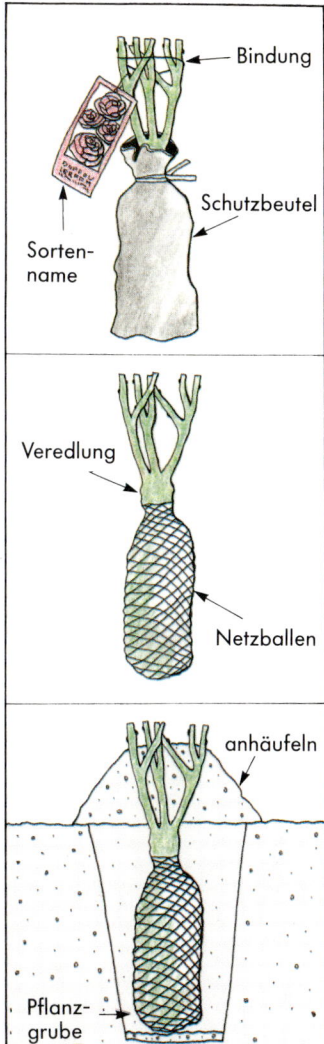

Bodenoberfläche befinden. Triebe mit Erde-Kompostgemisch anhäufeln. Bei Herbstpflanzung: abhäufeln etwa Mitte April. Bei Frühjahrspflanzung: abhäufeln nach ungefähr 6 Wochen.

Der Standort

Rosen wachsen am besten an einem sonnigen, aber nicht zu heißen und trockenen Standort. An der Südseite des Hauses und auch an Mauern leiden Rosen durch die intensive Sonneneinstrahlung und werden besonders stark von Mehltau und Roter Spinne befallen. Wer keinen anderen Platz für Rosen hat, sollte auf widerstandsfähige Sorten wie zum Beispiel 'Duftwolke' oder 'Sutters Gold' zurückgreifen. Aber auch sie verblühen an sonnigen Plätzen schneller, die Blüten verblassen und verbrennen hier sogar. Da die Wintersonne dem Boden reichlich Wasser entzieht, ist zudem noch mit Trockenschäden zu rechnen. Also: Rosen an einen freien, luftigen Platz setzen, auf Blumenbeete, in den Rasen oder vor Gehölze. Dabei dürfen sie nicht den Wurzeldruck großer Bäume

und Sträucher ausgesetzt sein. Man sollte sie deshalb auch nicht unter oder in die Nähe großer Bäume pflanzen, da der Tropfenfall den Sternrußtau fördert. Das passiert auch dort, wo die Rosenbeete nicht genügend durchgelüftet werden.

Zu vermeiden sind Nordlagen und schattige Plätze. Dagegen vertragen viele Rosensorten halbschattige Lagen oder Standorte, an denen nur ein paar Stunden am Tage die Sonne scheint. Dunkelrote Sorten sollte man stets in den Halbschatten setzen. Ihre schöne Farbe bleibt hier besser erhalten.

Der Boden

Wo Rhododendren und andere Moorbeetpflanzen wachsen, ist zu empfehlen, zumindest in der Nähe dieser schönen Sträucher auf Rosen zu verzichten; der

extrem saure Boden bekommt den Rosen nicht. Sie möchten einen leicht sauren, neutralen, bis schwach alkalischen Boden, mit einem pH-Wert, der zwischen 6,4 und 7,5 liegt. Deshalb sollte vor der Pflanzung aber auch in den Jahren danach der Gartenboden auf seine Bodenreaktion hin untersucht werden. Das kann mit Hilfe eines im Handel erhältlichen, preiswerten Bodentest-Sets geschehen. Es gibt sie zur Ermittlung des Kalk-, Stickstoff-, Phosphor- und Kalibedarfs.

Die Frage nach dem besten Rosenboden wird oft dramatisiert. »Ideal« ist ein mittelschwerer, humusreicher und tiefgründiger Lehmboden der Nährstoffe und Wasser gut hält, aber auch genügend locker und lufthaltig ist. Das klingt kompliziert. Rosen gedeihen aber genauso gut in einem jahrelang bearbeiteten, ausreichend mit Humusstoffen wie Stallmist (gibt es abgepackt in Säcken), Pferdemist oder Kompost versorgten Boden. Rosen brauchen zwar viel Wasser, reagieren aber auf Staunässe sehr empfindlich. Der Grundwasserstand sollte nicht höher als 70 cm sein.

Bodenmüdigkeit

Manchmal helfen die allerbeste Pflege und auch gutgemeinte Nährstoffgaben nicht. Die Rosen welken, blühen nicht und sie-

Den Boden kann jeder selbst untersuchen

chen dahin. Kein Schädling und keine Pilzsporen sind zu sehen. Diagnose: Bodenmüdigkeit, die dort auftritt, wo Rosen an denselben Platz gesetzt werden, an dem jahrelang schon Rosen standen. Es empfiehlt sich also, entweder für neue Rosen ein anderes Beet zu suchen oder,

wenn das aus Platzgründen nicht möglich ist, den alten Boden in einer Tiefe von 50–60 cm auszuheben, diese Erde auf den Kompost zu bringen und durch neue aus einem anderen Gartenteil zu ersetzen. Die Aussaat oder Pflanzung von Tagetes und anderen Sommer-

Die richtigen Nachbarn halten Rosen gesund. Hier Lavendel und Margeriten

blumen bringt dagegen den rosenmüden Boden nicht wieder in Schwung. Neue Versuchsergebnisse haben das hinlänglich bewiesen.

Termin, Pflanzschnitt, Bodenvorbereitung

Für Rosen ist der Herbst die beste Pflanzzeit, weil sie vor dem Frost noch lebenstüchtige Saugwurzeln entwickeln, die im Frühjahr dann gleich lebensnotwendiges Wasser und Nahrung aus dem Boden ziehen können. So bleibt das Holz der Rosen frisch und übersteht problemlos die Gefahr des Vertrocknens. Rosen kann man aber auch im Frühjahr pflanzen, wenn dies nur früh genug geschieht. Wenn kein Frost mehr im Boden steckt und in Garten-Centern und anderen Gartenfachgeschäften bereits Rosen angeboten werden, kann das schon Anfang März geschehen. Dann kommen die Rosen noch in einen winterfeuchten Boden, wie überhaupt der Anwachserfolg im Frühjahr wie im Herbst von ausreichender Feuchtigkeit abhängig ist. So sollten die Rosen vor dem Pflanzen auf jeden Fall 24 Stunden in einen Eimer Wasser gelegt werden, damit das Gewebe sich mit Wasser vollsaugen kann. Achtung, die Veredlungsstelle (die Verdickung oberhalb der Wurzeln) muß mit unter das Wasser. Nach der Pflanzung sind die Rosen gründlich anzugießen und bei trockenen Frühlingswochen alle 5 Tage mit Wasser zu versorgen, solange bis die ersten kräftigen Triebe erscheinen. In Gegenden mit frühem Frosteintritt sollten Rosen besser im Frühjahr gepflanzt werden. Dieser Termin ist auch dort günstiger, wo ein schwerer Boden die Bildung von Saugwurzeln im Herbst nicht mehr zuläßt. Das alles gilt für Rosen mit nackten Wurzeln, Rosen im Container können das ganze Jahr, sogar mitten im Sommer in die Erde. Auch bei diesem Termin ist reichlich wässern Pflicht.

Der Pflanzschnitt

Vor dem Pflanzen schneide man die Wurzeln etwa auf 20 cm zurück. Dadurch passen sie besser in das Pflanzloch. Außerdem wird die Bildung neuer Wurzeln angeregt. Abzuschneiden sind auch alle beschädigten Wurzelteile.
Die oberirdischen Triebe der im Herbst gepflanzten Rosen werden erst im Frühjahr geschnitten, da sie im Winter meist noch etwas zurückfrieren. Weisen die Pflanzen besonders lange Triebe auf, kann man sie trotzdem um ein Drittel ihrer Länge einkürzen. Das erleichtert die Pflanzarbeit.
Die im Spätherbst und im Frühjahr gepflanzten Rosen erhalten den gleichen Schnitt wie die alten, eingesessenen Rosen: Die starken Triebe von Beet- und Edelrosen werden auf 15–20 cm (= 4–5 Augen) und die schwachen Triebe auf 10–15 cm (= 2–4 Augen) heruntergeschnitten. Den Strauch- und Kletterrosen beläßt man nur 3–5 Triebe, die anderen sind unten an der Anwachsstelle abzuschneiden. Die übriggebliebenen Triebe erhalten einen Rückschnitt auf 20–40 cm, was die Triebbildung erheblich fördert.

Bodenvorbereitung

In vielen Gärten hat der Boden »dichtgemacht«. Vor allem in schwerer, toniger Erde oder auf Baustellen-Grundstücken kommen die Pflanzen nicht zurecht, weil die leidige Bodenverdichtung den Ausgleich des Wassers zwischen Bodenoberfläche und Grundwasser verhindert. Dann kommt es zu Wasserstaus, die bei Dauerregen Wurzeln verfaulen und in Trockenheitsperioden das Wurzelwerk vertrocknen lassen. Eine gründliche Bodenvorbereitung entscheidet also mit über Blüherfolg und Wachstum. Bei Rosen wird deshalb

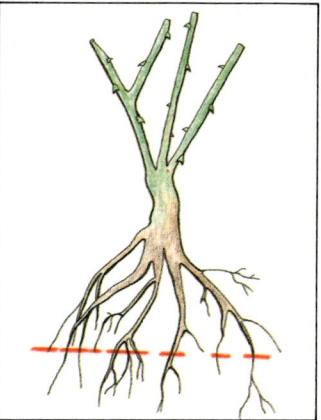

Vor dem Pflanzen die Wurzeln etwas zurückschneiden

In lockerem Boden und an einem sonnigen Platz, beispielsweise vor Mauern und Zäunen, gedeihen Rosen besonders gut

der Boden so tief wie nur irgendmöglich gelockert. Weil er in einer Tiefe von 10–50 cm besonders intensiv durchwurzelt wird. Manche Rosen, die auf die Unterlage *R.canina* veredelt wurden, dringen sogar noch erheblich tiefer ein. Der Boden sollte auf jeden Fall und nicht nur bei Verdichtungen gelockert werden, am besten einige Wochen vor der Pflanzung, damit er sich wieder setzen kann.

Pflanzen nach Rosenklassen, Angießen, Anhäufeln

Eine gründliche Bodenvorbereitung entscheidet mit über Wachstumsfreude und Blüherfolg: Darum wird die Erde durchschnittlich 30 cm tief gelockert. Es empfiehlt sich, ausgenommen bei leichten, sandigen Böden, die darunter liegende Schicht mit einer Grabegabel aufzulockern.

Das Pflanzloch soll so breit und so tief sein, daß sich die Wurzeln am Boden gut ausbreiten können und sich die Veredlungsstelle 5 cm unter der Erdoberfläche befindet. Die Erde (ein Gemisch aus Gartenerde und Kompost) wird locker über die Wurzeln verteilt und anschließend fest angedrückt, so daß um die Pflanze herum eine flache Mulde entsteht. Diese Mulde wird dann langsam und mehrmals bis an den Rand mit Wasser gefüllt, immer solange, bis das Wasser überzulaufen beginnt. Nach dem Angießen werden die Rosen etwa 15–20 cm hoch mit Erde, der man wiederum Kompost beimischen sollte, angehäufelt. Dieser Erdhügel wird nach dem Austrieb im Frühjahr eingeebnet.

Bei Hochstammrosen wird als erstes der Stützpfahl fest in die Erde geschlagen. Die Pflanze ist 5–8 cm neben dem Pfahl in die Erde zu setzen. Der Stamm wird durch ein Stück Reifengummi vor Verletzungen geschützt und Stamm und Pfahl nicht zu eng miteinander verbunden.

Bei Kletterrosen ist das Pflanzloch ungefähr 10–20 cm von der Wand entfernt auszuheben. Dann die Pflanze so tief einsetzen, daß die Veredlungsstelle 5–10 cm unterhalb der Erdoberfläche liegt. Wurzeln sollen von der Wand weg zeigen.

Rosen muß man vor dem Pflanzen gründlich wässern

Von links nach rechts: Wurzeln im Pflanzloch über einen Erdkegel setzen

Die Veredlungsstelle muß eine Handbreit tief in die Erde

Die Erde wird fest angetreten

Reichlich angießen

Anhäufeln mit Kompost

64

Die Pflanzabstände

Sie sind abhängig von der Wachstumshöhe und -breite der einzelnen Sorten, aber auch vom Boden und vom Klima. Grundsätzlich gilt: Ein weiter Abstand sichert die bestmögliche und vor allem gesunde Entwicklung jeder Rose.

Beet- und Edelrosen
Bei einer beetweisen Pflanzung beider Rosengruppen empfehlen sich diese Pflanzabstände: bei stark-und breitwachsenden Sorten ungefähr 40–45 cm, das sind 4–5 Pflanzen je Quadratmeter; mittelstark wachsende Sorten pflanze man in 40 cm Abstand, also 6–7 Pflanzen je Quadratmeter; für die schwachwachsenden sehe man einen Abstand von 35 cm (7–8 Pflanzen je Quadratmeter) vor.

Öfterblühende Strauchrosen
Sie wirken am schönsten in Einzelstellung. Auch in Grüppchen mit 3, höchstens 5 Pflanzen kann man hübsche Blumenbilder erzielen. Bei einer solchen Anordnung ist ein Abstand von 100–120 cm (starkwachsend) und 80–100 cm bei schwachwachsenden Sorten einzuhalten. Bei ungeschnittenen Hecken und Reihenpflanzung sollte der Abstand bei starkwachsenden 80–100 cm und 70–80 cm bei schwächer wachsenden Sorten betragen.

Einmalblühende Strauchrosen
In unseren Gärten werden sie meist nur einzelstehend verwendet. Sollen doch mehrere zusammenstehen, ist eine Entfernung von 150–200 cm angebracht. Pflanzentfernung in der Hecke: 100 cm.

Kletterrosen
Dort wo die Triebe in jedem Winter bis auf die Veredlung zurückfrieren, genügt ein Abstand von 150–250 cm. In milderem Klima dagegen, wo die langen Triebe erhalten bleiben, empfiehlt es sich, die Rosen in 250 cm Entfernung zu pflanzen.

Bodendeckerrosen
Die Pflanzdichte ist abhängig von der sehr unterschiedlichen Art des Wachstums der einzelnen Arten und Sorten.

Zwergrosen
Man unterscheidet stark wachsende Sorten (Pflanzabstand 35 cm, das sind 8 Pflanzen je Quadratmeter), mittelstarkwachsende (9 Rosen je Quadratmeter) und schwachwachsende (11 Pflanzen je Quadratmeter). In Balkonkästen genügen 20–25 cm Abstand.

Hochstammrosen
Bei Reihen- oder Gruppenpflanzen ist ein Mindestabstand von einem Meter angebracht. Nur die Kaskaden- oder Trauerrosen müssen weiter auseinanderstehen. Enger aneinanderrücken können Halbstammrosen (80 cm) und Fußstämmchen (50 cm).

So gedeihen Rosen

Der Sommerschnitt

Aus den verblühten Rosenblüten entwickeln sich Hagebutten. Das ist bei einmalblühenden Rosen, vor allem Wildrosen erwünscht, weil sie den Strauch im Herbst und Winter schmükken und hungernden Vögeln Nahrung bieten. Bei diesen Rosen erfolgt deshalb auch kein Schnitt nach der Blüte.
Von Edelrosen, öfterblühenden Beet-, Strauch- und Kletterrosen wird das Abgeblühte abgeschnitten, damit alle Nährstoffe einer erneuten Blütenbildung zugute kommen. Man schneide die Blüten oder Blütendolden möglichst sofort nach dem Verblühen mit zwei voll entwickelten Laubblättern ab, das ist nicht mehr als ein halber Zenti-

meter Stiellänge. Auf keinen Fall tiefer schneiden, da aus den darunterliegenden Achselknospen wieder Rosenblüten hervorgehen. Je tiefer man schneidet, um so länger dauert es, bis die Rosen wieder blühen.
Bei den in Dolden blühenden Beetrosen sollte man das Abgeblühte direkt über dem ersten Laubblatt abschneiden. Ein tieferer Schnitt verzögert die zweite Blüte um mehr als 5 Tage. Ausnahmen gibt es auch: Wenn die Triebe sehr lang und schwach sind, schneide man sie um 3–4 Augen oder noch tiefer zurück, damit die Pflanze sich kräftigen und zu einem gut formierten Busch entwickeln kann. Auch die Schnittrosen werden tiefer geschnitten.

Wildtriebe sind an der hellgrünen Färbung der meist etwas kleinen Blätter zu erkennen und treiben unterhalb der Veredlung aus den Wurzeln aus. Um sie zu entfernen, müssen die Wurzeln etwas freigelegt werden, dann den Wildling mit einer Drehbewegung herausreißen oder mit einer Schere direkt an den Wurzeln abschneiden. Keine Stummel stehen lassen, weil sich dort wieder neue Wildlinge bilden.

Gießen, Hacken, Mulchen

Unbefriedigendes Wachsen und Blühen und erhöhte Anfälligkeit gegen Krankheiten ist auch auf Wassermangel zurückzuführen. Bei großer Hitze und sehr trockenem Boden empfiehlt es sich, durchdringend zu gießen: Richtzahl: 20 l pro Quadratmeter oder anders ausgedrückt: Die Feuchtigkeit sollte 30–50 cm in den Boden eindringen. Um Wasser zu sparen, sollte frühmorgens oder in den Abendstunden gegossen werden und zwar mit einem Schlauch, der an die Pflanzen gelegt wird. Den Wasserhahn nur schwach aufdrehen. Die Blätter nie bespritzen, weil dadurch Pilzkrankheiten gefördert werden. Auch Rasensprenger haben bei Rosen nichts zu suchen.
Da die Rosenwurzeln sehr lufthungrig sind und der Boden

Mulchen mit Strohhäcksel. Es kann auch Laub oder Rindenmulch sein

Alles Abgeblühte abschneiden und auf den Kompost bringen

Sauber ausgeschnittene Rosen ('Alexandra')

Sommerliche Rosenpflege in Stichworten

Verwelkte Blüten abschneiden, nur bei Wildrosen stehenlassen – Wildtriebe entfernen – Kletterrosentriebe aufbinden – in Trockenzeiten gießen – Mulchen – Düngen – Hacken, Boden lockern – Pflanzenschutzmaßnahmen ergreifen. Stammrosen werden im Sommer wie Edelrosen geschnitten, also das Abgeblühte mit zwei Blättern. Die Augen der Triebe sollten nach außen zeigen.

nach starken Regengüssen und darauffolgendem Sonnenschein verkrustet, empfiehlt es sich zu hacken und zwar recht flach, damit die Wurzeln nicht in Mitleidenschaft gezogen werden. Locker und feucht und unkrautfrei bleibt der Boden, wenn gemulcht wird: Mulchen bedeutet, die Erde rund um die Rosen mit organischen Materialien wie Kompost, angetrocknetem Rasenschnitt, Laub, Strohhäcksel und verrottetem Mist zu bedekken. Die Mulchdecke wird im Frühjahr nach dem Abhäufeln ausgebracht. Bis zum Herbst ist aus dem Mulch Erde geworden, die man zum Anhäufeln verwenden kann.

Versorgung mit Nährstoffen

Rosen leben, wie andere Blütensträucher auch, von Luft und Liebe nicht allein, sondern brauchen regelmäßig »Nährstoffe in einem ausgewogenen Verhältnis«: Stickstoff (N) für die Entwicklung der Blätter, Phosphor (P) für die Blütenbildung und Kalium (K) für die Reife und Stabilität der Holztriebe. Außerdem werden Spurenelemente, in erster Linie Eisen und Magnesium benötigt. Ältere, eingewachsene Rosen sollten zweimal im Jahr gedüngt werden. Frisch gepflanzte müssen zuerst Faserwurzeln bilden, ehe sie Nährstoffe erhalten. Im Herbst gesetzte Rosen bekommen die erste Düngung im April/Mai des Folgejahres, im Frühjahr gepflanzte erst Ende Juni. Ohne Düngegaben sind die Rosen anfälliger gegen Krankheiten und Schädlinge, da läßt das Wachstum nach und die Entwicklung von Knospen und Blüten zu wünschen übrig. Rosen wachsen am besten in einem lockeren humusreichen Boden, der durch regelmäßige Kompostgaben oder gut verrotteten, strohigen Mist erzielt wird. Außerdem bietet der Handel aufbereiteten Pferdemist in Säcken an und getrockneten oder kompostierten Rinderdung. Strohiger Stallmist sollte zuerst in Kompostmieten aufgesetzt werden. Erst, wenn er stark verrottet ist und erdig riecht, wird die braune krüme-

lige Masse unter den Rosen verteilt. Von diesen humusbildenden, das Bodenleben aktivierenden Materialien wird im Spätherbst noch vor dem Anhäufeln eine etwa 5–10 cm hohe Schicht rund um die Rosen ausgestreut. Um diese Zeit sollte man auch organische Dünger wie Hornmehl und Knochenmehl, Guano oder gekörnter Rinderdung (Mannahum) ausbringen, da es bei diesen pflanzenfreundlichen Düngemitteln oft monatelang dauert, bis die Nährstoffe wirksam werden. Organisch-mineralische Dünger wie zum Beispiel Manna Spezial (N-P-K im Verhältnis 7-5-9) oder »Rosen-Azet« (N-P-K im Verhältnis 7:7:5) mit einer phosphatreichen Nährstoffmischung und Depot-Wirkung oder Hornoska Rosen-Spezialdünger mit Spurenelementen werden im Frühjahr so früh wie möglich (Ende Februar/Anfang März) aus-

gestreut und zwar etwa 120–150 g je Quadratmeter. Die rein mineralischen Dünger erhalten die Rosen 2–3 Wochen später, da die Nährstoffe den Pflanzen sofort zur Verfügung stehen. Die Menge: 70–80 g/qm. Noch schneller wirken Flüssigdünger, weil die Wurzeln die Nährstoffe sofort aufnehmen.

Rosen brauchen einen humusreichen Boden

Gut ernährte Edelrose 'Lolita'

Nach der Frühjahrsdüngung erfolgt gegen Mitte Juni die Sommerdüngung mit den gleichen Mengen wie im Februar/ März. Sie soll den zweiten Flor bei öfterblühenden fördern und die einmalblühenden Arten und Sorten wieder kräftigen. Es empfiehlt sich, die Rosen ab Mitte September bis Mitte Oktober mit einem sogenannten Reifedünger in Form von schwefelsaurem Kalimagnesium (Patentkali) zu versorgen. Dadurch »reifen« die Rosen bes-

Zu empfehlen ist Strohkompost

ser aus, was die Frosthärte beträchtlich fördert. Es genügen 30–50 g je Quadratmeter. Dünge-Empfehlungen: Möglichst bei Regen düngen, bei Trockenheit kräftig wässern. Dünger nie über Blätter und Blüten streuen, Verbrennungen sind die Folge. Nie zuviel düngen; Faustregel: Eine Handvoll organisch-mineralischen Dünger in die abgehäufelte Erde einhacken, einmal im Frühjahr und einmal nach dem ersten Flor.

Flüssigdünger läßt sich leicht selbst herstellen. Dazu werden in einem Liter Wasser 2–3 g Mineraldünger aufgelöst. Von dieser Düngelösung erhalten die Rosen je nach Wachstum etwa 5–10 l/m^2.

69

Der Schnitt

Rosen müssen jedes Jahr geschnitten werden. Vor allem Edel- und Beetrosen. Sonst wachsen sie nur in die Höhe, Wildtriebe entwickeln sich, die inneren Holzteile sterben ab oder verkahlen, das Blühen und Wachsen befriedigt nicht. Ausgenommen von dieser Regel sind Wildrosen und andere einmalblühende Strauchrosen, die kaum geschnitten werden müssen. Nur wenn sie zu groß geworden sind, wird ein Auslichtungsschnitt vorgenommen.

Der Termin

Auf jeden Fall sollte man im Frühjahr schneiden, sobald keine starken Fröste mehr zu erwarten sind, also von Mitte März bis Anfang April, in klimatisch-günstigen Gebieten auch

Links unten: Auf die richtige Schnittführung achten. Bei zu schrägem Schnitt oder zu dicht am Auge trocknet dies an

früher. Den genauen Zeitpunkt geben uns die Rosen selbst an: Wenn die Blatt- und Blütenknospen (Augen) zu schwellen beginnen und sich leicht verfärben, sollte man zur Schere greifen. Das zeigt an, welche Triebe den Winter gut überstanden haben. Schneidet man im Herbst oder sehr früh im Jahr, muß möglicherweise nachgeschnitten werden. Überhaupt ist ein Herbstschnitt sehr risikoreich und verzögert den Blühbeginn.

Grundregeln

Nicht jede Rose sollte man jährlich stark zurückschneiden. Die Besonderheiten der einzelnen Rosenklassen müssen berücksichtigt werden.
Rosen werden auf Augen geschnitten. Die Augen erkennt man an den Verdickungen an den Stielen. Vor dem eigentlichen Augen-Schnitt dürres, krankes, erfrorenes Holz abschneiden und auch Zweige,

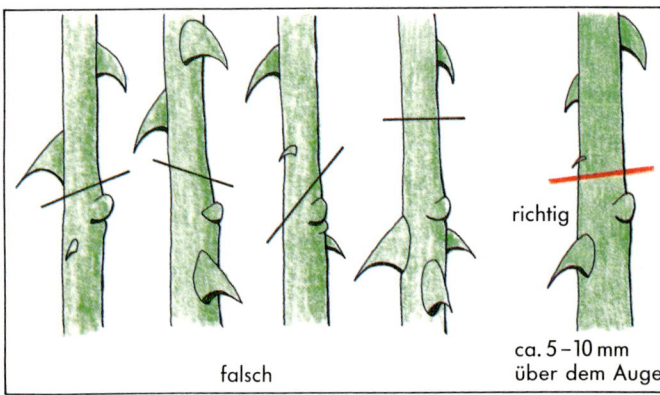

richtig

falsch

ca. 5–10 mm
über dem Auge

die quer und zu dicht stehen. Den Trieb über einem nach außen zeigenden Auge schräg abschneiden.

Nicht zu nahe über dem Auge schneiden, da es sonst austrocknet; auch kann der sich bildende Trieb leichter beschädigt werden. Entfernung vom Schnittansatz zum Auge: 5–10 mm, aber nicht mehr, sonst gibt es Stummel.

Gut zu wissen: Je tiefer man einen Trieb herunterschneidet, um so stärker und länger werden die neuen Triebe. Rosensorten, die schwach wachsen, stärker, starkwachsende weniger tief schneiden. Die Gartenschere sollte scharf sein, damit das Holz nicht gequetscht wird. Zu empfehlen ist eine rundgeschmiedete, doppelschneidige Schere, deren Klingen auswechselbar sind.

Bei Hochstämmen gelten die gleichen Schnittgesetze wie bei Edelrosen

Oben links: Je tiefer man schneidet, umso stärker und länger werden die Triebe

Oben rechts: Wichtig: auf die richtigen Schnittstellen achten

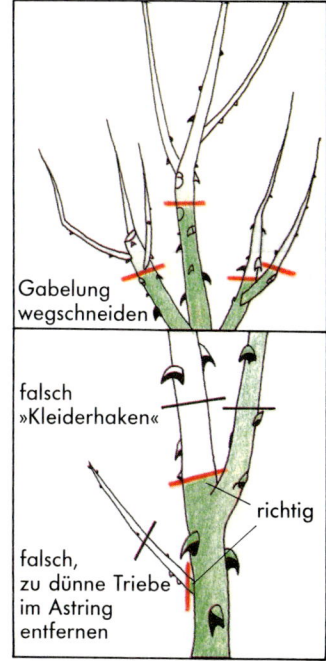

Gabelung wegschneiden

falsch »Kleiderhaken«

richtig

falsch, zu dünne Triebe im Astring entfernen

Schnitt
der verschiedenen
Rosen-Gruppen

Beet- und Edelrosen

Bei starkwachsenden Edelrosen
ist ein Schnitt auf 4–6 Augen,
das entspricht etwa 15–25 cm
und bei schwachwachsenden
Pflanzen auf 3–4 Augen, das
sind 10–15 cm, angebracht. Die
Augenzählerei, es wird stets
von unten (Veredlungsstelle)
nach oben gezählt, sollte man
aber nicht zu ernst nehmen.
Wichtig ist nur, daß jeder
Schnitt über einem Auge vor-

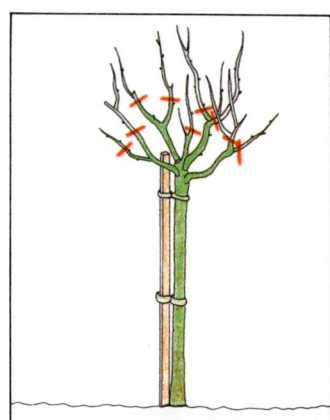

**Mitte oben: Hochstammrose vor
und nach dem Schnitt**

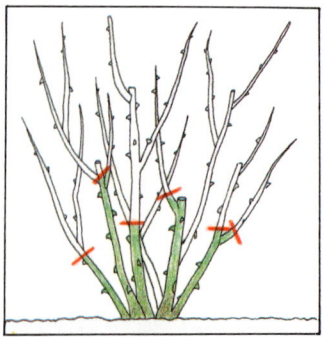

**Beetrose vor und nach dem
Schnitt**

genommen wird. Im Normalfall
werden die Triebe um etwa ein
Drittel ihrer Gesamtlänge eingekürzt. Wer Schnittrosen
wünscht, sollte noch stärker
zurückschneiden, etwa um 1–2
Augen tiefer, das gibt dann
längere Stiele.
Damit die Beetrosen, die meist
in Gruppen zusammenstehen,
einheitlich wachsen, sollte man
sie auf gleiche Höhe zurückschneiden. Da die einzelnen
Triebe bei Buschrosen in sehr
unterschiedlicher Stärke her-

anwachsen, empfiehlt sich
folgende Schnittregel: starke
Triebe schwach zurückschneiden (bis zu 7 Augen), schwache
Triebe stark zurückschneiden
bis auf 3 Augen. Bei ganz
schwachen dünnen Trieben
setze man die Schere etwa
2–3 mm über der Veredlungsstelle an.

Strauchrosen

Wildrosen und einmalblühende
Strauchrosen sollte man möglichst in Ruhe lassen, da sie an
mehrjährigen Zweigen und nur
dort, ihre Blüten entwickeln.
Nur abgestorbene, kranke oder
zu dicht stehende Triebe werden weggeschnitten und zwar
dicht über dem Boden. Bei älteren Rosen (frisch gepflanzte,
frühestens nach 5 Jahren) kann
ein Verjüngungsschnitt das
Wachstum beträchtlich verbes-
sern. Dazu ganze Triebe in
Bodennähe absägen (Stichsäge)
oder abschneiden (Ast- oder
Zweihandschere).
Es hat sich bewährt, lang über-
hängende, einjährige Triebe
zurückzuschneiden, um die
Strauchform dieser Rosen zu
erhalten. Sie fallen sonst aus-
einander. Diese Schnittmaßnahmen gelten auch für öfterblühende Strauchrosen. Da sie
meist an den Seitentrieben blühen, beschränkt man den
Schnitt gleichermaßen auf das

**Schnitt der öfterblühenden
Strauchrosen: Zu alte Triebe (rot)
entfernen. Bei Frostschäden
Haupttriebe wenig zurück-
schneiden, Seitentriebe stärker**

Rechts oben: Kletterrosen-Schnitt: die großen starken Triebe im Bogen anbinden und etwas zurückschneiden

Verjüngen oder Auslichten. Schwache Triebe sollte man allerdings, um das Wachstum anzuregen, auf 3–5 Augen zurücknehmen, stärkere Triebe um ein Drittel ihrer Länge.

Kletterrosen

Auch an Kletterrosen wird möglichst wenig herumgeschnitten, vor allem die starken Jungtriebe, bei denen es sich nicht etwa um Wildtriebe handelt (!), müssen erhalten bleiben. An diesen senkrechten Trieben, die sich aus den waagerecht gezogenen des Vorjahrs entwickeln, bilden sich die schönsten Blütenbüschel. Die »Neuen« auf 2–5 Augen zurückschneiden. Sonst nur das erfrorene alte Holz wegschneiden und überalterte Triebe, deren Blühfähigkeit zu wünschen übrig läßt. Abgeschnitten wird unten am Boden, um einen Neuaustrieb anzuregen. Das gilt auch für einen Radikalschnitt, der sich dann empfiehlt, wenn eine Kletterrose im Wachsen und Blühen gar nicht mehr befriedigt und allzu wenig Jungtriebe hervorbringt. Bei den Einmalblühenden erfolgt der Schnitt gleich nach der Blüte, bei den Öfterblühenden wie den meisten anderen Rosen auch im März/April.

Rechts unten: Wildtriebe an der Wurzel, wenigstens aber über der Erde abschneiden

Hochstammrosen, Trauerrosen

Bei den Hochstamm-, Halbstamm- oder Fußstämmchen-Rosen gelten die gleichen Schnittregeln wie bei den Edelrosen, das heißt auf 3–4 Augen. Manchmal muß man auch etwas tiefer schneiden, wenn die Krone sich stärker entwickelt oder die Triebe tiefer erfroren sind. Das obere, am Trieb verbleibende Auge soll nach außen zeigen. Dadurch wird ein schönerer Kronenaufbau erzielt. Für Trauerrosen gelten die gleichen Schnittgesetze wie für Kletterrosen. Außerdem: altes Holz entfernen, aber auch neue Triebe, wenn sie in zu großer Zahl erscheinen. Zweige, die den Boden berühren, etwas einkürzen. Die meisten Trauerrosen blühen nur einmal und werden deshalb gleich nach der Blüte geschnitten.

Zwergrosen

Der Schnitt wird wie bei Beetrosen vorgenommen. Bei Einfassungen kann man diese Rosenzweige mit einer Heckenschere schneiden. Grundregel: Triebe etwa um die Hälfte zurücknehmen.

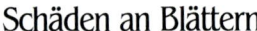
Ursachen für schlechtes Wachstum

Die Rose ist eine robuste Pflanze. Sie wird nur oft sehr stiefmütterlich behandelt und zeigt das deutlich durch Wachstumsstörungen und Blühunwilligkeit an. Auch Krankheiten und Schädlinge können bei falscher Pflege und am falschen Standort auftreten.

Schäden an Blättern

Frostschäden sind an blasig aufgedunsenen Blättern und Rändern zu erkennen. Abhilfe: die beschädigten Triebe auf das nächste, unter dem zerstörten Austrieb befindliche Blattpaar zurückschneiden.
Schäden durch stauende Nässe, aber auch durch Abgase und den unverantwortlichen Einsatz von Unkrautbekämpfungsmitteln (Herbizide) werden durch große gelbe Blattzonen deutlich, die vom Blattstiel aus beginnen und sich entlang der Blattadern entwickeln. Abhilfe: Bei Staunässe Rosen ausgraben, das Pflanzloch dränieren, kranke Wurzeln und die Krone zurückschneiden und die Rosen neu einpflanzen. Bei anderen Schäden Triebe so wenig wie möglich zurückschneiden, da jedes Blatt eine wichtige Assimilationsfläche darstellt.
Bei Trockenschäden färben sich die Blätter unregelmäßig gelb und fallen mitten in der Wachstumsperiode ab. Abhilfe: durchdringend gießen, am besten 20–30 l pro Quadratmeter. Starke Sonneneinstrahlung kann dazu führen, daß dunkelrote Sorten schwarz werden und verbrennen. Das passiert aber nur an einer Südwand oder in der Nähe von gepflasterten oder mit Platten belegten Terrassen. Abhilfe: Rosen nicht an solche Stellen pflanzen.

Mangelerscheinungen bei zu wenig Nährstoffen

Bei Stickstoffmangel sind die jungen Blätter schmal und blaßgrün. Manchmal erscheinen auf der Blattoberfläche rote Punkte. Auch kann es zu vorzeitigem Blattfall kommen. Abhilfe: einen stickstoffbetonten Dünger verabreichen.

Durch Regen verschimmelte Rosenblüten

**Eisenmangel an Rosenblättern
deutlich zu erkennen**

Phosphormangel ist seltener zu beobachten. Er macht sich bemerkbar durch violettbraunen Streifen an den Blatträndern, kurze, schwache Triebe mit frühem Blattfall. Abhilfe: Einsatz von phosphorbetonten Düngemitteln. (»Rosen-Azet«).
Bei Kalimangel sind die jungen Blätter braun gerandet, und die Blüten bleiben blaß. Abhilfe: zusätzliche Kalidüngung (im Herbst) mit Patentkali oder Kaliphosphat.
Magnesiummangel macht sich durch eine gelb-rötliche Färbung der Blätter bemerkbar, die frühzeitig abfallen. Abhilfe: magnesiumhaltige Volldünger einsetzen oder Bittersalz (Magnesiumsulfat) 30 g pro Quadratmeter einharken und anschließend wässern.
Bei Manganmangel zeigen sich auf den älteren Blättern gelbe Ränder zwischen den Blattadern. Gefährdet sind vor allem Rosen, die in Moorböden oder zu kalkreichen Böden stehen. Abhilfe: spurenelement- oder manganhaltige Dünger ausbringen.
Eisenmangel. Durch zu hohen Kalkgehalt des Bodens werden die Blätter »chlorotisch«, das heißt, die Blätter färben sich gelb, nur die Adern bleiben grün. Abhilfe: »sauer« wirkende Dünger ausbringen wie schwefelsaures Ammoniak oder schwefelsauren Kali. Direkte

Wirkung haben Eisenchelate wie Fetrilon, Sequestren oder Gesal-Pflanzenlösung.

Schäden an Knospen

Wenn sich die Knospen nicht öffnen und verkrüppeln, sind Blasenfüße (Thripse) schuld. Abhilfe: befallene Triebe abschneiden (Mülleimer, nicht Kompost) mit einem Insektizid (»Spruzit«) spritzen. Manchmal sind auch ein zu schattiger Standort oder zuviel Feuchtigkeit verantwortlich. Fäulniserscheinungen an den Knospen sind auf Botrytis-Pilze zurückzuführen, die auch auf Blättern und Blütenstielen ihr Unwesen treiben. Abhilfe: befallene Teile entfernen (Mülleimer).

Stehen die Rosen in der Nähe von Lattengerüsten, Pergolen oder Zäunen, die mit Holzschutzmittel gestrichen wurden, können bei großer Hitze Schäden durch frei gewordene Dämpfe auftreten. Deshalb sollten am besten nur druckimprägnierte Hölzer (im Fachhandel erhältlich) verwendet werden. Machen sich Schäden an Blättern und jungen Trieben bemerkbar, dann bleibt nur eins: Die betroffenen Triebspitzen abschneiden, aber kurz, um die Blatt- oder Blütenknospen zu erhalten.

Rosensorten, die weniger von Krankheiten befallen werden

Zu den selbst gestellen, vordringlichen Aufgaben der Rosenzüchter gehört es, neben Duft und Farbe robuste, gegen Pflanzenkrankheiten weniger anfällige Rosen zu züchten. Bei den meisten Strauch- und Klet-terrosen ist das gelungen. Aber auch bei einigen Edel- und Beetrosen ist die Widerstandskraft gegen Blattkrankheiten beträchtlich. Sicherlich sind nicht alle dieser »gesunden« Rosen gefeit gegen Pilz und Virus. Immerhin kann ihre Resistenz als gesichert angesehen werden, vor allem dann, wenn Boden- und Standortverhält-nisse in Ordnung sind und die Pflanzen optimal mit Nährstoffen versorgt werden.

Der Hinweis »Halbschatten«, bedeutet, daß diese Sorte auch an halbschattigen Plätzen wachsen, also dort, wohin die Sonne täglich nur ein paar Stunden scheint. An sonnigen Stellen färben sich ihre Blüten jedoch intensiver.

'Blessings'

'Duftwolke'

Besonders robuste Edelrosen und großblumige Floridbunda-Rosen

Sorte	Farbe	Höhe (cm)	Bemerkungen
'Aachener Dom'	lachsrosa	60–80	auch für Halb-schatten
'Alexander'	zinnoberrot	60–80	auch für Halb-schatten
'Alexis'	hell-lachsorange	80–100	Halbschatten
'Blessings'	korallenrosa	50–70	Schnittrose
'Circus Knie'	cremegelb, rosa-rot geflammt	80–100	herrliche Farbenrose
'Duftwolke'	korallenrot	50–70	starker Duft, Halb-schatten
'Elina'	zart-rahmgelb	80–90	duftend
'Evening Star'	reinweiß	80–100	duftend
'Gloria Dei'	lichtgelb mit rosa	80–100	Halbschatten
'Ingrid Bergmann'	dunkelrot	60–80	sehr reichblühend
'Königin der Rosen'	lachsrosa	50–70	starker Duft
'Landora'	reingelb	60–80	Halbschatten
'Panorama'	porzellanrosa	60–80	glänzende Blätter
'Red Star'	dunkelrot	70–90	Halbschatten
'Silver Jubilee'	frischrosa	50–70	Halbschatten
'Sutters Gold'	goldgelb	70–90	duftend, Halb-schatten

Beetrosen

Sorte	Farbe	Höhe (cm)	Bemerkungen
'Amber Queen'	tiefambergelb	40–60	duftend
'Berliner Luft'	gelborange bis orangerosa	60–80	Schnittrose
'Betty Prior'	lachsrosa	80–100	Halbschatten
'Bonica 82'	hellrosa	40–60	Halbschatten, Schnittrose
'Chorus'	zinnoberrot	50–70	Halbschatten
'Escapade'	magentarosa	80–100	duftend, Halbschatten
'Friesia'	goldgelb	40–60	duftend
'Interama'	dunkelrot	50–70	glänzendes Laub
'Käthe Duvigneau'	leuchtendrot	80–100	Halbschatten
'Korona'	orange-rot	60–80	Halbschatten
'La Sevillana'	orange-blutrot	70–90	glänzendes Laub
'Märchenland'	leuchtendrosa	80–100	duftend
'Margareta Merril'	perlweiß	40–60	sehr stark duftend
'Montana'	blutorange	60–80	Wildrosenduft
'Mountbatten'	mimosengelb	80–120	Halbschatten
'Münchner Kindl'	silberrosa	40–60	Schnittrose
'Neues Europa'	rot-orange	50–70	Halbschatten
'Nina Weibull'	blutrot	40–60	Halbschatten
'Queen Elizabeth'	reinrosa	80–100	auch Halbschatten, Schnittrose
'Rob Roy'	dunkelrot	70–90	Schnittrose
'Sarabande'	geraniumrot	30–50	kräftiges Laub
'The Fairy'	rosa	30–50	kriechender Wuchs
'Tornado'	blutrot	50–70	pflegeleicht

'Königin der Rosen'

'Amber Queen'

'Montana'

Die wichtigsten Krankheiten und Schädlinge

Schädlingsbefall ist manchmal eine Folge falscher Kulturmaßnahmen. Auch kann ungünstige Witterung eine regelrechte Pilz- und Insektenplage verursachen. Wenn trotz vorbeugender Maßnahmen wie richtiger Standort, Auswahl robuster Sorten und ausreichender Versorgung mit Wasser und Nährstoffen, Schädlinge und Krankheiten auftreten, muß etwas unternommen werden, sonst ist es mit der Rosenpracht und Herrlichkeit bald vorbei.

Pilzerkrankungen

Echter Mehltau
Stengel, Knospen und Blätter sind mit einem weißen Belag überzogen. Vorbeugende Maßnahmen: mehltauresistente Sorten pflanzen, Überdüngung vermeiden, bei Trockenheit gießen, im Herbst und Frühjahr Rosen und den Boden mit Schachtelhalmbrühe bespritzen. Direkte Maßnahmen: befallene Triebe herausschneiden, ab Juni 2–3mal im Abstand von 3 Wochen mit biologischen Pflanzenschutzpräparaten wie Ledax-san (Bio-S), Bioblatt-Mehltaumittel spritzen.

Sternrußtau
Blätter sind voller kreisrunder, braunschwarzer Flecken und fallen früh ab. Vorbeugend: Alle

Sternrußtau

kranken Blätter aufsammeln und ab in die Müll- aber nie in die Biotonne; regelmäßig düngen und Boden mit Teeabfällen mulchen.
Direkt: Holzasche ausstreuen, mit Schachtelhalm-Tee spritzen, bei starkem Befall Ledax-san (Bio-S) oder Neudo-Vital einsetzen.

Echter Mehltau

Rosenrost
Zu erkennen an gelben, stäubenden Pusteln auf der Blattunterseite, die sich im Herbst schwarz färben. Früher Blattfall, vorbeugend: mulchen mit Teeabfällen, robuste Sorte aussuchen, abgefallene Blätter regelmäßig aufsammeln. Direkt: mit Schachtelhalm-Brühe spritzen (wiederholt und möglichst vorbeugend, Neudo-Vital einsetzen).

Rosenschädlinge

Rosenblattlaus
Die grünen Läuse schädigen Blätter, Knospen und junge Triebe, die Blätter sind durch Rußtau verklebt. Vorbeugend: Lavendel, Kapuziner- und Gartenkresse zwischen die Rosen gepflanzt oder gesät wirken abweisend. Direkt: Steinmehl über verlauste Pflanzen stäuben, gezielt mit starkem Was-

Rosenrost

serstrahl spritzen. Bei starkem Befall: Spruzit-flüssig, Spruzit-Spray oder mit Oscorna Insektenschutz spritzen oder mit Spruzit-Staub stäuben.

Gemeine Spinnmilben
Kleine weiße Flecken und Gespinste unter den Blättern. Vorbeugend: mulchen, mit Brennessel- und Schachtelhalmbrühe spritzen. Direkt: spritzen mit Neudosan oder Pyrethrum-Mitteln wie Spruzit-flüssig oder Spruzit-Spray oder Stäuben mit Spruzit-Staub. Blattunterseiten gründlich besprühen oder bestäuben.

Rosenblattwespe
Die grünen Larven fressen an den Blättern (»Skelettierfraß«) aber auch an Knospen und Trieben. Direkt: mit Rainfarn-Brühe, -Tee oder Jauche sprühen (auch gegen Rost und Mehltau wirksam), bei starkem Befall mit Spruzit-Präparaten behandeln.

Rosenzikade
Hellgelbe, springende Insekten, in Ruhestellung mit dachziegelartigen Flügeln, fliegen durch Schütteln sofort auf, saugen an der Blattunterseite, hinterlassen weiße Flecken. Eier werden in die Rinde junger Triebe abgelegt. Direkt: mit Öl-Emulsionen im Winter gegen Eier spritzen, im Frühjahr/Sommer mit Spruzit-Präparaten behandeln.

Rote Spinne
Kleine rote Milben, die in großer Zahl an den Blattunterseiten

Rosenblattläuse

Rosenzikaden (links)

Rosenblattrollwespe
Blattränder rollen sich tütenförmig ein. Direkt: Die eingerollten Blätter (mit dem Maden) abschneiden und in die Mülltonne werfen, mit Spruzit-Staub stäuben.

Ameisen zeigen die Gegenwart von Blattläusen an, die von den an und für sich nützlichen Insekten nicht etwa gefressen, sondern als »Haustiere« gehalten werden. Um die Ameisen zu schonen, darf natürlich gegen die Blattläuse nur ein nützlingsschonendes Spritzmittel zum Einsatz kommen wie zum Beispiel Neudosan.

sitzen, Blätter verdorren und fallen ab. Vorbeugend: mulchen, bei Trockenheit gießen, Brennessel- oder Schachtelhalmbrühe, Seifen-Spiritus-Brühe einsetzen. Direkt: Neudosan oder Spruzit-Präparate einsetzen.

79

Umweltfreundliche Mittel gegen Schädlinge und Krankheiten

Mit dem erfreulicherweise immer stärker werdenden Umweltbewußtsein ist auch eine Abkehr vom Einsatz hochgiftiger chemischer Pflanzenschutzmittel verbunden. Man besinnt und erinnert sich an natürliche Mittel, die jeder aus Pflanzenmaterial, das zum Teil im Garten wächst, selbst herstellen kann. Denn Kräuterbrühen, -jauchen und Tees aus Brennesseln, Schachtelhalm, Beinwell und Wermut können aus »eigenen Ernten« entstehen. Wo das nicht möglich ist, stehen getrocknete Kräuter in Apotheken, Drogerien und Kräuterspezialgeschäften zur Verfügung. Aber auch in Gartenfachgeschäften sind naturreine Kräuterextrakte wie Brennesselpulver und Schachtelhalm-Extrakt zu haben.

Die Marienkäferlarve in Aktion

Kräuterjauchen
Die vergorene Jauche wird vor allem zur Wachstumsförderung, also über den Boden, und nicht an der Pflanze direkt eingesetzt. Die gärende Jauche kann dagegen sowohl zur Pflanzenstärkung als auch gegen Blattläuse und Spinnmilben angewendet werden. Diese gärende Jauche entsteht, wenn man frische Pflanzenteile ungefähr 4 Tage an der Sonne in Regenwasser einweicht. Die Jauche ist vor dem Einsatz 50fach zu verdünnen!

Kräuterbrühen
Hier müssen die Blätter (und Stiele) 24 Stunden im Wasser liegen. Dann kocht man die eingeweichten Pflanzenteile mit dem Wasser auf und läßt das Ganze etwa eine halbe Stunde bei kleiner Hitze sieden; abkühlen lassen und durchsieben.

Kräutertees
Sie entstehen, wenn man die Pflanzen frisch oder getrocknet begießt, alles 10–15 Minuten zugedeckt stehen läßt und dann absiebt.

Rezepte für Pflanzenbrühen, Jauchen und Kräutertees

Brennesselbrühe
Herstellung: 150 g Brennessel-Pulver mit 10 l Wasser in einem Plastikgefäß vermischen. Der Gärungsprozeß ist nach 7–10 Tagen beendet. Die vergorene Brennesselbrühe mit der 10fachen Wassermenge verdünnen.
Anwendung: In den Wurzelbereich der Rosen gießen oder

stark verdünnt über die Blätter gießen. Diese Jauche nach etwa 4 Tagen verwenden, im Verhältnis 1 (Jauche) : 50 (Wasser) verdünnen. Gegen Blattläuse und Spinnmilben einsetzen.

Schachtelhalm-Brühe
Herstellung: (Fertigprodukt): 8 ml Schachtelhalm-Extrakt mit 5 l Wasser verdünnen.
Anwendung: Rosen häufig spritzen, damit auch die Jungtriebe erfaßt werden; möglichst bei trockenem Wetter, am besten bei Sonnenschein einsetzen. Wirkt über das Blatt und über die Wurzeln. Herstellung (aus frischen und getrockneten Pflanzenteilen): 1 kg frische oder 150 getrocknete Pflanzenteile 24 Stunden in 10 l Wasser einweichen. Dann etwas kochen lassen, abkühlen und durchsieben. Vor dem Gebrauch mit der fünffachen Menge Wasser verdünnen.

Rainfarn-Brühe, -Tee oder -Jauche
Der Rainfarn ist eigentlich kein Farn, sondern ein Korbblütler mit schönen gelben Blütenköpfchen. Herstellung: 300 g frisches Kraut und Blüten oder 30 g getrocknete Pflanzenteile mit 10 l Wasser aufsetzen, unverdünnt gegen Rosenblattwespe und Blattläuse einsetzen.

Seifen-Spiritus-Lösung
Herstellung: 200 g Schmierseife (aus der Drogerie oder Apo-

Hier zwischen Salbei und Gräsern bleiben Rosen gesund

Angesetzte Pflanzenbrühe

theke) in heißem Wasser auflösen und mit 10 l Wasser verdünnen, $\frac{1}{3}$ l Brennspiritus hinzufügen, erkalten lassen.
Anwendung: gegen Blattläuse und Rote Spinne.

Schmierseifen-Lösung
150–300 g Schmierseife in 10 l heißem Wasser auflösen, abkühlen lassen und unverdünnt spritzen. Nur reine Schmierseife verwenden. Anwendung: gegen Blattläuse.

Da Vorbeugen stets besser als Heilen ist, sollten die Rosen regelmäßig mit einem Pflanzenstärkungsmittel natürlichen Ursprungs versorgt werden, das die Widerstandskraft gegen Mehltau, Rost und Sternrußtau fördert. Ein solches Präparat ist Neudo-Vital, das in Wasser verdünnt auf die Rosen gespritzt wird.

Winterschutz

Im Gegensatz zu den meisten anderen Gehölzen brauchen Rosen Winterschutz. Ausgenommen von diesen Sicherheitsmaßnahmen sind nur die Wildrosen und die einmalblühenden Strauchrosen. Nur im ersten Winter nach der Pflanzung empfiehlt es sich, auch diese robusten Arten und Sorten vor Frost zu schützen.

Strauch- und Kletterrosen

Öfterblühende Strauchrosen können bei einem starken Wechsel zwischen sehr niedrigen und höheren Temperaturen Schaden erleiden. Vorbeugend wird bei den Strauchrosen die Veredlungsstelle beim Pflanzen tiefer (etwa 5–10 cm tief) gesetzt und genauso wie bei Edel- und Buschrosen angehäufelt. Das gilt auch für Kletterrosen. Die an Gerüsten, Rosenbögen, Pergolen oder Spalieren angebundenen Triebe kann

man durch dachziegelartig zwischen die Triebe gestecktes Fichtenreisig vor Frostschäden bewahren. Einfacher ist es, eine Schilfmatte vor den Kletterrosen oder drumherum aufzustellen. Bei älteren Exemplaren sind diese Maßnahmen nur mühsam oder gar nicht durchzuführen. Da muß dann ein Winterschutz unterbleiben. Es ist auch nicht schlimm, wenn einzelne Ranken (oder alle) bis zum Boden gefrieren. Die Kletterrose treibt von unten wieder aus.

Edelrosen, Beet- und Zwergrosen

Der wirksamste Winterschutz ist das Anhäufeln. Dabei wird ab Mitte November, bei warmem Wetter auch später, der Fuß der Rosen mit einem etwa 20–30 cm hohen Erdhügel, bei Zwergrosen 10 cm, umgeben. Gut eignen sich dafür Gartenerde, Kompost oder abgelagerter Stallmist (gibt es auch abge-

Auch Kletterrosen müssen angehäufelt werden

packt in Tüten). Auf keinen Fall Torf verwenden, denn Torf speichert Wasser, das bei Frost gefriert und im extremen Fall die ganze Rose vernichtet. Mit Kompost gibt es dagegen keine Probleme. Im Gegenteil. Überall dort, wo Rosen dicht bei dicht auf Beeten stehen, ist ein Anhäufeln oft nicht möglich. Hier schüttet man zu je 3–4 Rosen einen Eimer möglichst grober Komposterde, die im Frühjahr als Humusgabe zwischen die Pflanzen verteilt wird. Es hat sich bewährt, vor dem Anhäufeln alles abgefallene Laub zusammenzurechen und in die Mülltonne zu werfen. Das gilt besonders für Rosenbeete, wo der Sternrußtau sein Unwesen getrieben hat. Die Sporen dieses Schadpilzes überwintern nämlich in den herabgefallenen

Ineinander gestecktes Reisig hilft Frost abhalten

Blättern. Die Überwinterungsformen der Mehltaupilze befinden sich dagegen in den Triebspitzen, weshalb ein spätherbstlicher Rückschnitt der Edel-, Beet- und Zwergrosen um ein Drittel ihrer Länge unbedingt vorgenommen werden sollte.

Stammrosen

Am sichersten ist immer noch die alte Methode, Stammrosen vom Stab zu lösen, dann bis zur

Strauchrosen wie die Goldrose (R. hugonis) brauchen keinen Winterschutz

Erde umzubiegen und mit über Kreuz gesteckten Stäben am Boden festzuhalten. Die Krone wird dann mit Erde bedeckt. Dabei muß die Kronenbasis und die Veredlungsstelle etwa 10 cm hoch mit Erde zugedeckt sein. Es empfiehlt sich auch hier, die Triebe vorher um ein Drittel zu kürzen und noch vorhandene Blätter zu entfernen. Alte Stammrosen, die beim Niederliegen brechen könnte, schütze man durch Umhüllen der Krone und der Veredlungsstelle mit Fichtenreisig, Stroh (auch Schilf oder Bambus) oder Sackleinen. Nie Kunststoff-Folie oder Ölpapier nehmen.

Rosen in Pflanzgefäßen

Die mit Rosen bepflanzten Balkonkästen und anderen Pflanzgefäße stelle man in einen hellen, kühlen und frostfreien Raum: Keller und Garage eignen sich für diesen Zweck nur dann, wenn sie nicht oder kaum beheizt werden und Fenster für das nötige Licht sorgen. Für eine Überwinterung im Freien werden die Gefäße mit Laub, Rindenmulch, Stroh oder Noppenfolie zugedeckt, ein Abdecken mit Tannenzweigen genügt nicht. Vor dem Einwintern sind die Gefäße noch einmal gründlich zu gießen.

Rosen veredeln

Praxis

Fast alle unsere Gartenrosen werden »veredelt«. In der Gärtnersprache bedeutet das: Ein sogenanntes Edelreis einer schönen Sorte wird auf eine Wildlingspflanze gesetzt. Der Grund für diese Prozedur ist: der Wildling wächst kräftiger und ist meist auch gesünder als die Sorte von der das Edelreis stammt. Edelreis und Wildling verwachsen miteinander und bleiben zusammen lebensfähig. Diese Vermehrungsart heißt Okulation (lateinisch oculus, das Auge); dabei wird das Auge der Edelsorte auf das Kambium des Wildlings übertragen. Als Kambium bezeichnen die Gärtner und Botaniker die Rindenschicht, die sich unter der Oberhaut befindet und aus teilungsfähigen Zellen besteht.
Zuerst muß man sich Wildlinge als Unterlagen aus einer Baumschule besorgen, die *Rosa canina* 'Inermis', *R. c.* 'Pfänder', *R. multiflora* oder andere anbieten. Wildlinge selbst heranzuziehen ist auch nicht schwer: im Herbst einfach Zweigstücke der Hundsrose, *R. canina*, in die Erde stecken. Beste Zeit zum Okulieren ist im Juli oder August. Zwar blüht die veredelte Rose erst im nächsten Sommer, es läßt sich aber bis zum Herbst feststellen, ob das Edelreis angewachsen ist oder nicht. Vor der »Operation« wird der

Wildling etwa 2 Wochen lang reichlich begossen, damit sich die Rinde leichter löst. Zum Okulieren ist ein scharfes Messer, am besten ein spezielles Okuliermesser (in Fachgeschäften erhältlich) nötig. Die Rosenaugen sollten »reif« sein, das heißt nicht zu weich und nicht zu hart. Wenn sich die Stacheln ohne Beschädigung der Rinde abbrechen lassen, dann ist es soweit. Am besten eignen sich Augen von weit aufgeblühten oder bereits verblühten Blumen. Dann von diesem (einjährigen) Rosenreis vorsichtig die Dornen abschneiden, ebenso die Blätter bis auf ein 1–2 cm langes Stielstückchen, das man später zum Anfassen braucht, denn die Schnittfläche des Edelauges darf nicht mit den Fingern berührt werden. Die Reiser kommen bis zur Okulation in einen Folienbeutel oder in ein feuchtes Tuch.

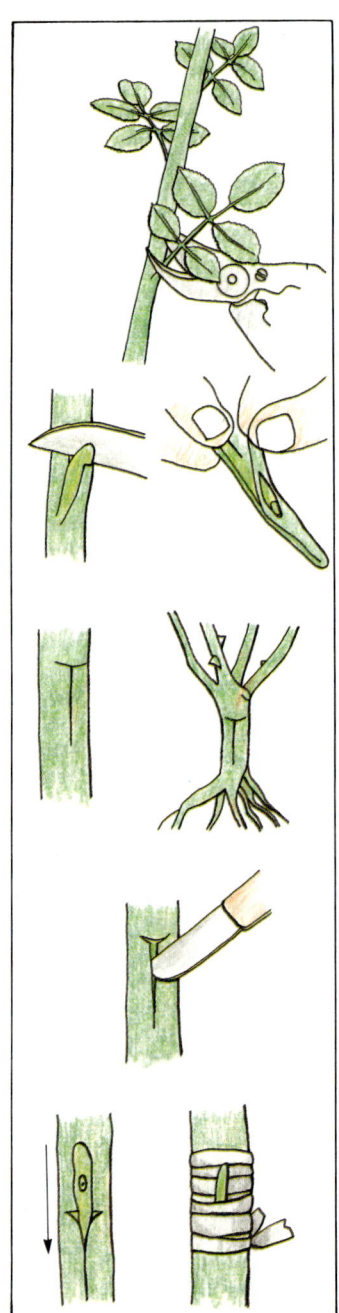

Okulation: Entfernen der Blätter am Edelreis. Schnitt des Auges und Auslösen des Holzes bei zu dick geschnittenem Auge. T-Schnitt auf der Unterlage (oben Hochstamm, unten Wildling). Lösen der Rinde und Einführen des Edelauges. Okulation wird mit Bast verbunden

Edelrose 'Picadilly'

Von dem Wildling wird vor dem eigentlichen Okulieren der Wurzelhals freigelegt und mit einem Woll-Lappen sorgfältig abgewischt. Mit dem Messer dann ein Auge zusammen mit einem Rindenplättchen so aus dem Edelreis herausschneiden, daß dabei nur ein kleiner Span des Edelreiszweiges mit herausgeschnitten wird. Das Messer jeweils 2 cm unter dem Auge ansetzen, in der Kambiumschicht, also zwischen Holz und Rinde entlangziehen und 2 cm über den Augen wieder aus dem Trieb ziehen. Anschließend den Holzspan entfernen. Vorsicht: Das Auge muß unverletzt bleiben. Alles muß schnell gehen, damit das Auge nicht vertrocknet!
Anschließend in die Unterlage ein langes »T« schneiden, mit dem Horn des Okuliermessers die Rindenflügel anheben und das Auge von oben nach unten so einsetzen, daß es oben herausragt; dieses überstehende Stückchen wird abgeschnitten. Dann alles fest mit Bast so umwickeln, daß nur ein Edelauge herausschaut. Der Verband muß fest und dicht, jedoch nicht zu dick sein. Er soll nach einigen Wochen mürbe werden und zerfallen.
Was noch zu tun ist: Nach dem Okulieren den Wurzelhals leicht anhäufeln und kontrollieren, ob das Edelauge nach 4 Wochen noch grün und auch dicker geworden ist, dann ist die Okulation geglückt. Im nächsten Frühjahr wird die Veredlungsunterlage etwa 2 cm oberhalb des T-Schnittes abgeschnitten. Bald entwickelt sich aus dem Auge ein Trieb, der nach dem 3.–4. Blatt mit dem Finger ausgekniffen werden sollte.
Für die Anzucht von Hochstammrosen sind Wildlinge mit langen Trieben nötig. Okuliert wird dann in der gewünschten Stammhöhe und nicht am Wurzelhals.

Vermehrung mit Steckhölzern

Rosen lassen sich durch Stecklinge oder wie der Gärtner sagt, durch Steckholz vermehren, weil nicht die weichen Triebspitzen, sondern holzige Zweige verwendet werden müssen. Es macht Spaß, die Rosen, die auch aus einem Strauß stammen können, auf diese Weise heranwachsen zu sehen. Sie alle entwickeln sich wie veredelte Rosen, deren Widerstandsfähigkeit die wurzelechten allerdings nicht besitzen. Die meisten erfrieren in kalten Wintern. Auch ist ihre Lebensdauer selbst in geschützten Lagen geringer. Es lohnt sich eigentlich nur Zwerg- und Bodendekkerrosen zu vermehren.

Wer es trotzdem mit anderen Rosen versuchen will, halte sich an folgende Regeln: Aus dem Rosenbusch nach der Blüte die gewünschte Anzahl bleistiftlange, besser 30 cm lange Zweigstücke herausschneiden. Es muß sich dabei nicht nur um die Spitzen der Triebe handeln; es ist auch möglich, einen 60 cm langen Zweig abzuschneiden und ihn zu halbieren. In Frage kommen einjährige, noch nicht ganz ausgereifte Triebe mit 3–4 Augen.

Da lohnt sich eine Vermehrung: bei der Edelrose 'Mainzer Fastnacht'

Die Stecklinge werden dicht unter dem untersten Augen mit gerader Schnittfläche geschnitten. Das verwendete Messer muß scharf sein. Experten nehmen deshalb sogar eine Rasierklinge. Die Schnittstelle kurz ins Wasser und dann in ein Bewurzelungspräparat tauchen, alle Blätter bis auf das Oberste entfernen und die Steckhölzer so tief in die Erde stecken, daß oben nur noch ein fingerlanges Stück mit einem Auge herausschaut.

Es empfiehlt sich, ein Stecklingsbeet im Garten an einer geschützten oder einer einfach zu schützenden Stelle in Form eines schmalen Grabens anzulegen. Dieser Graben wird etwa spatentief ausgehoben und mit einer Mischung aus Gartenerde, Sand und in Gartenfachgeschäften erhältlicher sogenannter Anzuchterde im Verhältnis

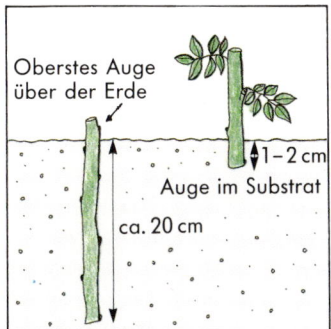

Links Steckling- und rechts Steckholz-Vermehrung

2 : 1 : 3 gefüllt. In dieses, das Anwachsen fördernde Substrat, werden die bleistiftlangen Steckhölzer tief hineingesteckt, bei Sonnenschein schattiert und regelmäßig feucht aber nie zu naß gehalten. Im Winter ist Frostschutz mit Tannenzweigen erforderlich.

Eine Anzucht ist auch in Töpfen möglich, die dicht bei dicht nebeneinander stehen müssen, damit sie nicht austrocknen. Deshalb bekommen die Töpfe zwar einen hellen, aber nie sonnigen Platz. Gut eignen sich schwarze Container, die in Garten-Centern oder Baumschulen erhältlich sind. Für die Topfkultur kann man handelsübliche Anzuchterde oder ein ähnliches Kultursubstrat, das zur Stecklingsvermehrung anderer Pflanzen angeboten wird, verwenden. Hierin bewurzeln sich die Steckhölzer besonders rasch. Zuerst bilden sich Wurzeln an der unteren Schnittstelle, später auch im Bereich jener Augen, die sich in der Erde befinden.

Wer Rosen veredeln will, sollte Edelreiser von lebenskräftigen Sorten nehmen, da solche Rosen dann im Garten ein besonders hohes Alter erreichen. Bei guten Bodenverhältnissen, ausreichender Düngung und richtigem Schnitt werden Rosen etwa 30–35 Jahre alt. Voraussetzung für eine hohe Lebenserwartung ist auch ein heller, nie schattiger und freier Stand.

ADR ®
Anerkannte Deutsche Rose

Mit dem Gütezeichen »ADR« werden Rosenzüchtungen ausgezeichnet, die in einem dreijährigen Test eine anspruchsvolle Prüfung bestanden haben. In den Prüfungsgärten Dortmund, Zweibrücken, Hannover-Rethmar, Osnabrück, Kiel, Ahrensburg, Veitshöchheim und Wiesbaden werden die neuen Sorten bei unterschiedlichen Klima- und Bodenverhältnissen von besonders qualifizierten Fachleuten beobachtet und bewertet. Man kann sagen, daß es sich um die strengste Neuheitenprüfung der Welt handelt. Reichblütigkeit und Blühdauer, Duft und Blütenform, Wüchsigkeit und Winterhärte, Belaubung und Widerstandsfähigkeit gegen Blattkrankheiten sind nur einige der Kriterien. Nur Sorten, die eine Mindestpunktzahl überschreiten, haben eine Chance, das Prädikat »Anerkannte Deutsche Rose« und das Gütezeichen »ADR-Rose« zu erhalten.

Hier einige Sorten mit dem beschriebenen Prädikat: 'Neue Europa', 'Duftwolke', 'Friesia', 'Sylvia'.

Was man über Rosen wissen sollte

Botanische Merkmale der Rosen

Rosen sind Sträucher und setzen sich wie die meisten anderen Pflanzen aus Wurzeln, Sproß, Blättern und Blüten zusammen. Die Sprossen oder Triebe bilden je nach Art, Sorte und Rosenklasse kleine,

20–30 cm hohe Büsche oder meterlange Triebe (Kletterrosen). Sie wachsen entweder straff aufrecht, hängen bogig über oder breiten sich wie Polster auf dem Boden aus. Die Haupttriebe entwickeln sich aus der Veredlungsstelle, die sich am Wurzelhals befindet und die stets mit Erde bedeckt sein sollte. Wildtriebe bilden sich nur

Manche Rosenzweige und Stämme sitzen voller Stacheln, hier *R. rugosa*

unterhalb der Veredlung. Oberhalb der Blattachseln sitzen an den Trieben die »Augen« oder »Knospen«, aus denen neue Seitentriebe entstehen, die zur Verzweigung der Haupttriebe führen. Die oberen, deutlich sichtbaren, weil dickeren »Augen« treiben mit ziemlicher Sicherheit aus, während die unteren, viel kleineren Knospen gewissermaßen als Reserve dienen. Man nennt sie »schlafende Augen«.

Die Stacheln (nicht Dornen) sind unterschiedlich in Größe, Form und Farbe. Sie können borstenartig, nadelförmig, flachgedrückt und breit, kräftig oder fein, rot, grün, braun oder gelb sein. Manche Rosen sitzen voller großer (und schöner) Stacheln wie *R. omeiensis* 'Pteracantha', andere sind fast stachellos wie *R. pendulina*. Die Blätter der winterharten Rosen werden zu Winterbeginn abgeworfen. Sie unterscheiden sich voneinander in Farbe, Größe

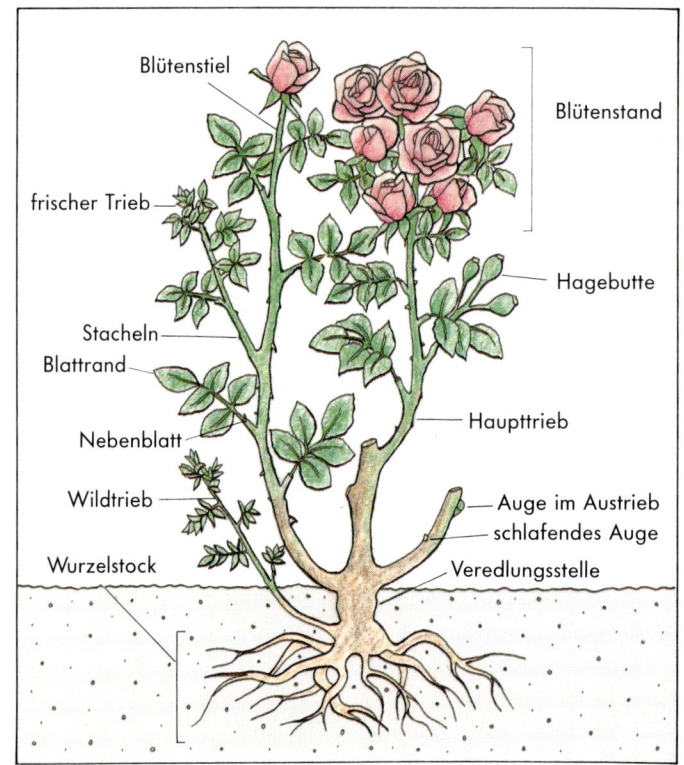

Blütenstiel

Blütenstand

frischer Trieb

Hagebutte

Stacheln

Blattrand

Haupttrieb

Nebenblatt

Wildtrieb

Auge im Austrieb

schlafendes Auge

Wurzelstock

Veredlungsstelle

und Zahnung der Blätter. Vielfältig sind auch die Formen und Farben der Blüten. Die Farbskala reicht von Weiß über unterschiedliche Gelb-, Rosa- und Rottöne bis hin zum Lila-Violett. Neben einfarbigen gibt es zwei- und mehrfarbige Sorten in reizvollen Farbschattierungen.

Hagebutten sind nicht nur eine Zierde, sondern auch vitaminreiche, in der Küche vielseitig zu verwendende Früchte

Hagebutten

Hagebutten sind Früchte mit einem hohen Kohlehydratanteil. Je nach Art enthalten 100 g 500–1150 mg Vitamin C, also mehr als der vitaminreich hoch angesehene Sanddorn, der nur 500–1000 mg enthält. Die Zitrone, als Vitamin-C-Spender ebenfalls hochgelobt, bringt es sogar nur auf 60–100 mg Vitamin C. Die Vitamin-C-haltigsten Rosenarten sind: *R. pendulina* 1100 mg (in 100 g frischem Fruchtmark); *R. moyesii* 850 mg; *R. rubri-* *folia* 820 mg; *R. rugosa* 940 mg; *R. villosa* 920 mg. Eine in Dresden-Prillnitz ausgelesene Vitaminrose soll sogar 1150 mg aufweisen.

Außer dem hohen Gehalt an Ascorbinsäure (Vitamin C) besitzen die Hagebutten noch weitere Wertstoffe: Vitamin K, Vitamin P, Provitamin A, aetherische Öle, Zuckerarten, Farb- und Gerbstoffe und die Mineralstoffe Calcium, Kalium, Natrium, Magnesium, Eisen und Phosphor sowie Fruchtsäuren in Fleisch und Kernen.

Rosen in der Geschichte, in Sagen und Legenden

Die griechische Dichterin Sappho soll die Rose erstmals als »Königin der Blume« bezeichnet haben. Aber lange vor ihrer Zeit galt sie in Indien bereits als Symbol des göttlichen Geheimnisses: Aus einer Rose soll die schönste aller Göttinnen, Lakschmi, geboren sein. »Ein Schönheitspflästerchen auf der Wange der Welt« nannte sie der persische Dichter Hafis, und aus Persien stammt auch die

hübsche Legende von der »Thronbesteigung« der Rose: Die Blumen verlangten von Allah einen neuen Herrscher, da der schläfrige Lotos in der Nacht nicht wachen wollte. Darauf gab Allah ihnen die jungfräuliche weiße Rose mit den schützenden Dornen zur Regentin.
Die Mohammedaner suchen in den 5 Blütenblättern der »alten« einfachblühenden Rose nach den fünf Geheimnissen Allahs. Sie glauben, daß die Rose aus den Schweißtropfen des Propheten entstanden sei, als dieser einst seine nächtliche Himmelfahrt unternahm.

Rosenfreuden in der Antike

Im Griechenland der Antike schrieb man die Entstehung der Rose der Göttin Aphrodite zu, die aus dem Blut des sterbenden Adonis die kostbare weiße Rose erschuf. Und als sich Aphrodite selbst an einem Dorn verletzte, soll die Rose rot wie Blut und duftend wie die Wohlgerüche Arabiens geworden sein.
In der weltlichen Atmosphäre des alten Rom erreichte die Rose schnell den Höhepunkt

Römisches Fußbodenmosaik in den Vatikanischen Museen, Rom

ihrer schon jahrhundertelangen Karriere. Sie war Ausdruck des höchsten Lebensstandards, des Luxus in einer Welt des übersteigerten, hektischen Lebensgefühls. So wird berichtet, daß römische Cäsaren sich unbequemer Untertanen entledigten, indem sie bei Gastmählern aus der Zimmerdecke unaufhörlich Blütenblätter auf die Gäste niederregnen ließen, Fenster und Türen versperrten, bis die Bedauernswerten im Wohlgeruch erstickten. Diese grausigen, tragikomischen und kaum glaubhaften Geschichten aus dem Rom der Antike sind Legende. Sie müssen wahr sein, denn das Christentum tat die Rose als heidnisches Symbol in einen 300jährigen Acht und Bann.

Die Rose im Christentum

Erst zu Beginn des frühen Mittelalters durfte man wieder von der Rose sprechen. Sie wurde bald zum Mittelpunkt des christlichen Marienkultes und symbolisierte das Blut, das aus dem von Dornen zerstochenen Herzen der Gottesmutter fließt. Die runden Fenster gotischer Dome wurden »Rosen« genannt, und schon 1208 stiftete der heilige Dominikus de Guzmanden »Rosenkranz«. Papst Hadrian V. ließ wenige Zeit später Rosen über den Beichtstuhl anbringen – als freudvolle Symbole der Verschwiegenheit. Schönste Zeugnisse dieser religiösen Verehrung legen die Gemälde der

berühmtesten Meister des 15. Jahrhunderts ab: Stefan Lochners »Madonna in der Rosenlaube«, Francesco Francias »Maria im Rosenhag« oder Bernardino Luinis »Madonna mit dem Kind«. Auch Napoleon kam um Rosen nicht herum. Seine erste Frau,

Josephine Beauharnais, war zu jenen Zeiten die große Mäzenin der Rose. 1798 kaufte ihr Napoleon Malmaison, in dem Josephine alle bekannten Rosenarten sammelte. Malmaison wurde zum berühmtesten Rosengarten der Welt.

Martin Schongauers »Maria im Rosenhag«, Colmar, Münster, St. Martin

Rosen heilen und schmecken

Rosen wurden früher weniger als kostbare Blütenpflanzen angesehen, sondern in der Heilkunst, aber auch in der Küche verwendet. So schätzte man sie als Zaubermittel gegen Liebeskummer und vielerlei Krankheiten. Dahinter verbirgt sich Reelles. Schließlich sind die Hagebutten voller Vitamine und Mineralstoffe.

Die Verwendung der kerngesunden Hagebutten in der Küche (und auch in der Kosmetik), reicht vom Hagebuttensaft über Hagebuttenlikör bis zu Mus und Marmelade. Die Blütenblätter können außerdem zu Salat oder Bowle verarbeitet werden. Daß Rosen auch in der Kosmetik eine Rolle spielen, beweisen Parfums, Shampoos, Massageöle, Cremes und Badesalze mit Rosenduft.

Aus Rosen können schöne Wässerchen hergestellt werden

Was man aus Hagebutten und Rosenblättern machen kann

Hagebuttensaft gekocht

Zutaten: 2 kg Hagebutten, 1,5–2 l Wasser, für 1 l Saft, 250–300 g Einmachzucker.
Zubereitung: Von den Früchten Blüte, Stiel und Kerne entfernen, mit Wasser bei mäßiger Hitze weich, aber nicht musig kochen. Den Saft durch ein Safttuch ablaufen lassen. Mit Zucker vermischt, 5 Minuten kochen und heiß in Flaschen füllen.

Hagebuttenlikör

Zutaten: etwa 400–500 g Hagebutten, 150 g weißer Kandis, 1 Flasche Korn.
Zubereitung: Von den Hagebutten Blüte und Stiel entfernen, halbieren und alle Härchen und Kerne herausnehmen. Die Fruchthälften gut abspülen, ablaufen lassen und in eine Flasche füllen. Darauf den Kandis und Korn geben. Die Flasche gut verschließen und mindestens 2 Monate an einer kühlen Stelle durchziehen lassen. Danach filtern.

Hagebuttenmarmelade

Zutaten: 2 kg Hagebutten, 1 kg Gelierzucker.
Zubereitung: Die Hagebutten waschen, von Blüten und Stielen befreien, zerschneiden und die Kerne entfernen. Die Fruchthälften kurz abspülen, knapp mit Wasser bedeckt etwa 20 Minuten kochen lassen und dann zerdrücken. Den Hagebuttenbrei abkühlen lassen und dann mit dem Gelierzucker vermischt zum Kochen bringen und 4 Minuten kochen lassen. Anschließend in Gläser füllen.

Hagebuttentee

Zutaten: 2–3 El getrocknete und zerkleinerte Hagebutten, 1 l Wasser.
Zubereitung: Die getrockneten Hagebutten mit Wasser ansetzen und einige Stunden stehenlassen. Den Sud dann höchstens 10 Minuten kochen und durch ein Sieb schütten.

Rosensalat

Zutaten: 6–8 große Rosen, 2–3 Salatherzen, 2 El Öl, 1–2 El Zitronensaft, wenig Salz, 1 TL Honig, Zitronenmelisse, 1 Gläschen Weinbrand, Zimt.
Zubereitung: Die Rosenblätter abnehmen, auslesen und waschen. Den Salat klein zerzupfen, Soße aus Öl, Zitronensaft, Salz und Honig, Weinbrand und feingehackter Zitronenmelisse bereiten, die Rosen- und Salatblätter darunterziehen und den Salat mit einem Hauch von Zimt anrichten.

Steinfurter Rosenbowle

Zutaten (für 10 Personen): 1 Fl. Weißwein, 1 Fl. Rotwein, 1 Fl. Sekt oder Mineralwasser, 1/8 l Weinbrand (oder Grand Marnier), 10 Rosenblüten einer sehr gut duftenden Rose, die jedoch auf keinen Fall gespritzt sein darf.
Zubereitung: Blütenblätter in das Bowlengefäß geben, den Weinbrand darübergießen, eine Stunde zugedeckt stehen lassen. Dann den Wein dazugeben, nach einer halben Stunde die Blätter abreiben und den gekühlten Sekt (Mineralwasser) darüberschütten. In jedes (leere) Bowlenglas ein frisches Rosenblatt legen, Bowle darüber gießen und mit schwimmendem Blütenblatt servieren.

Hagebutten eingemacht wie Erdbeeren und Kirschen

Rosen in Vasen und in Gestecken

Rosen zählen zu den beliebtesten und auch schönsten Vasenblumen. Edelrosen sind es vor allem, die in der Gunst der Blumenfreunde ganz vorne stehen. Einige Sorten eignen sich besonders für den Blumenschnitt, einmal der Blütenfarbe und des schönen Duftes wegen, und weil sie lange, kräftige Stiele bilden. Blumenfreunde sollten sich darüber aber nicht nur auf Edelrosen beschränken, weil auch die Vertreter anderer Gruppen wunderschöne Vasen-

Frische Rosen werden zum Trocknen mit dem Kopf nach unten aufgehängt

blumen liefern. Parkrosen zum Beispiel, deren Haltbarkeit besonders hoch ist. Sie halten sich, wenn man ein Frischhaltemittel verwendet, eine Woche und länger. Einmalblühende Strauchrosen, wie die Chinesische Goldrose *(Rosa hugonis)* mit ihren kleinen, einfachen, goldgelben Blütchen wirken in der Vase besonders schön. Man schneidet, wenn die Blütenblätter Farbe zeigen und sich deutlich zu einer kleinen Rosenknospe geformt haben, entfernt im unteren Drittel alle Blätter und schneidet den Stiel lang an. Es empfiehlt sich, die herrlich duftenden Moosrosen, *R. centifolia* 'Muscosa' erst dann zu schneiden, wenn sie fast aufgeblüht sind. Geschlossene Knospen öffnen sich nicht! Wunderschön sehen Moosrosen aus, wenn ihnen Rittersporne oder Margeriten zugeordnet werden. Sie halten, wie andere gefüllte Strauchrosen leider nicht sehr lange, was auch für andere Alte und Englische Rosen gilt. Größer ist dagegen die Haltbarkeit von Beetrosen, wenn unreife Knospen ausgebrochen werden. Auch sollte man, im Gegensatz zu Edelrosen, die Hauptknospe (blüht zuerst) entfernen und die Stiele erst dann schneiden, wenn der größere Teil der Nebenknospen erblüht ist.

So wird die Haltbarkeit verlängert

Für alle Rosen, auch für Edelrosen sind einige Grundregeln zu beachten, um die Haltbarkeit zu verlängern: Vasen und andere Blumengefäße peinlich

sauberhalten. Vor dem Einordnen in die Vase einige Blätter von den Blütenstielen entfernen, um die Verdunstung herabzusetzen. Außerdem sind alle Blätter zu entfernen, die ins Wasser hineinragen. Blütenstiele stets mit einem scharfen Messer schräg anschneiden. Dann sofort ins Wasser stellen. Frischhaltemittel binden Schadstoffe im Wasser und versorgen die Blumen mit Nahrung. Das Wasser zu erneuern, bringt nur Vorteile bei gleichzeitigem Abschneiden der Stielenden. Mit Frischhaltemitteln wird der Wasserwechsel überflüssig. Stattdessen achtet man nur auf den Wasserstand und füllt regelmäßig Wasser und Schnittblumennahrung nach. Rosen mögen keine Zugluft und keine direkte Sonne. Sie bleiben länger frisch, wenn sie nachts kühler stehen.

Rosen als Trockenblumen

Rosen können auch für Trockenblumensträuße und andere langlebige Arrangements nach verschiedenen Methoden konserviert werden. Am einfachsten ist es, die Stiele zu bündeln und mit dem Kopf nach unten an einem luftigen, auf jeden Fall trockenen und nicht zu dunklen Ort aufzuhängen. Dafür kommen ein Dachboden oder ein Kellerraum in Frage. Ein Bündel sollte etwa 10–20 Stiele enthalten, die mit Bindfaden oder Bast (nie mit Gummibändern!) zusammengehalten werden. Da die Stiele schrumpfen, wird es meist nötig, die Bänder ein- oder zweimal nachzuziehen.

Aus Rosen lassen sich zauberhafte Sträuße binden

Je wärmer der Raum, desto schneller trocknen die Rosen. Manchmal ist es nötig, mit zusätzlicher Heizwärme nachzuhelfen. Sparsame Blumenfreunde nutzen die Nachwärme in der Backröhre nach dem Backen oder Einkochen.

Wichtige Adressen

Der Rosenfreund ist im Sommer auf Reisen. Da hält es ihn nicht zu Hause, weil es in den Baumschulen, in den Rosarien, in den Rosengärten und in den Rosendörfern in verschwenderischer Fülle blüht. Natürlich werden die Namen jener Sorten aufgeschrieben, die schon im nächsten Jahr im eigenen Garten blühen sollen. Beschaffungsprobleme gibt es kaum, weil selbst alte, vergessen geglaubte Sorten wieder vermehrt und angeboten werden.

Rosarien, Rosengärten, Rosenanlagen in Deutschland

Baden-Baden, Bad Nauheim-Steinfurth, Berlin, Bonn, Coburg, Dortmund, Essen, Eutin, Forst (Lausitz), Frankfurt am Main, Hamburg, Hannover, Heidelberg, Hof, Karlsruhe, Kassel, Ludwigsburg, Ludwigshafen, Insel Mainau, Mainz, Mannheim, Marburg, München, Pinneberg, Bad Pyrmont, Rethmar, Saarbrücken, Sangershausen, Stuttgart, Trier, Uetersen, Ulm, Walsrode, Weihenstephan, Wörrishofen, Zweibrücken.

Rosendörfer

Nöggenschwiel (Südschwarzwald), Seppenrade (Stadt Lüdinghausen), Schmitshausen (Kreis Pirmasens/Pfalz).

Rosengärten und Rosenanlagen im Ausland

Belgien: Rosarium West Vlaanderen, Kortrijk; Rosentuin Königin Astridpark, Gent;
Dänemark: Rosenhave i Valbyparken, Kopenhagen; Rosarium des Botanischen Gartens der Universität Kopenhagen;
Großbritannien: Queen Mary Rose Garden in Regent's Park London; The Garten of the Royal National Rose Society; St. Albans; Mottisfont Abbey, Homsey.

Frankreich: Roseraie du Parc Floréal, Orléans; Parc de la Tête d'Or, Lyon; L'Hay-les-Roses; La roseraie du Parc Nicolas, Chalon s/Saône; Parc de Bagatelle, Paris.
Holland: Rosengarten im Westbroekpark, Den Haag; Rosarium van Winschoten.
Italien: Roseto di Villa Grimaldi, Genua; Roseto cornuale di Roma, Rom; Roseto Villa Reale, Monza.
Nordirland: Sir Thomas and Lady Dixon Park, Belfast.
Österreich: Österreichisches Rosarium, Baden bei Wien;

Botanischer Garten und Arboretum, Linz; Rosarium im Donaupark und Rosenhügel im Kurpark Oberlaa, Wien.
Schweiz: Rosengarten, Dottikon; Roseraie de Parc la Grange, Genf; Rosengarten Charlottenfels, Neuhausen am Rheinfall; Rosengärten von Rapperswil.
Spanien: Rosaleda Ramon Ortiz, Parque des Oeste, Madrid; Rosaleda de Parque del Retiro, Madrid.

Sehenswert: Roseraie de l'Hay les Roses, südöstlich von Paris

Rosenbaumschulen, Rosenzüchter und Rosenversandfirmen

BKN Strobel, Wedeler Weg 62, D–2080 Pinneberg.
Richard Huber, CH-5605 Dottikon AG.
Ingwer J. Jensen, Am Schloßpark 2a, D–2392 Glücksburg Besonders große Auswahl an alten, historischen und englischen Rosen.
Kordes Söhne, D–2206 Klein Offensetz-Sparrieshoop.
Werner Noack, Im Fenne 54, D–4830 Gütersloh.
Rosen-Union, Steinfurter Hauptstraße 25, D–6350 Bad Nauheim-Steinfurth. Auch alte und englische Rosen.
Walter Schultheis, Rosenhof, D–6350 Bad Nauheim-Steinfurth. Große Auswahl an alten, historischen und englischen Rosen.
Rosen-Tantau, Tornescher Weg 13, D–2082 Uetersen.

Zubehör für schöne Rosen

Rosenbögen, Spaliere, Pyramiden: Ingwer J. Jensen, Walter Schultheis. Adressen siehe oben.
Pflanzenschutzmittel natürlichen Ursprungs, Pflanzenstärkungsmittel, organische Spezialdünger, Algen-Extrakt, Brennesselpulver, Schachtelhalm-Extrakt, Bodenuntersuchungstests: W. Neudorff GmbH, Postfach 1209, 3254 Emmerthal 1. Katalog anfordern.

Rosenkugeln:
Rose-Versand, Postfach 1251, D–5353 Mechernich.
Heinz Dücke, Sandweg 9, D–7959 Saßbachwalden.

Rosenvereine und Gesellschaften

Viele Rosenliebhaber sind Mitglieder im Verein Deutscher Rosenfreunde (VDR), der größten Deutschen Pflanzengesellschaft.
Für einen vergleichsweise bescheidenen Jahresbeitrag wird Beratung, Erfahrungsaustausch und Informationen geboten. Die Mitglieder haben Zutritt zu Ausstellungen und Rosenseminaren und freien Eintritt in das Rosarium des VDR im Westfalenpark Dortmund. Außerdem erhalten sie die fachlich hochqualifizierte Vierteljahresschrift »Der Rosenbogen«. Die Mitgliedschaft kann jeder erwerben. Adresse: Verein Deutscher Rosenfreunde e.V., Walderseestraße 14, 7570 Baden-Baden. Von dort werden auch Auskünfte über Rosengärten, Rosenanlagen und Rosarien im In- und Ausland erteilt. (Bei schriftlichen Anfragen Rückporto beifügen).
Österreichische Rosenfreunde werden beraten von der Österreichischen Gartenbaugesellschaft, Parkring 12/III 1, A-1010 Wien 1.
Schweizer Rosenfreunde schreiben an Dietrich Woessner, Nelkenstraße 26, CH-8212 Neuhausen.

Register

Garten – ein immergrünes Thema

BLV Gartenbücher

Wolfram Franke
Faszination Gartenteich

Handbuch Garten
Das große Nachschlagewerk für
alle Fragen der Gartenpraxis

David Joyce
Blütenpracht für jeden Winkel
Blumen in Ampeln, Körben,
Kübeln, Schalen

Mary Keen
Gärten in allen Farben
Die schönsten Kombinationen in
Blau, Rot, Gelb, Grün und Weiß

Christoph und Maria Köchel
**Kübelpflanzen –
Der Traum vom Süden**
Wintergärten und Terrassen
gekonnt gestaltet

Marie-Luise Kreuter
Der Bio-Garten
Der praktische Ratgeber für den
naturgemäßen Anbau von
Gemüse, Obst und Blumen

Marie-Luise Kreuter
Pflanzenschutz im Bio-Garten

Marie-Luise Kreuter
So entsteht ein Bio-Garten
Für alle, die anfangen und es
richtig machen wollen

Paul Lesniewicz
Bonsai
Miniaturbäume

Herbert W. Ludwig u. a.
Erlebnis Gartenteich
Tiere beobachten und erkennen

Michael Lohmann
Das Naturgartenbuch
Grundlagen und praktische
Anleitungen

Petra Michaeli-Achmühle
BLV Garten-Lexikon

Francess Perry
Ein Garten voller Düfte

Margot Schubert
Im Garten zu Hause
Margot Schuberts großes
illustriertes Gartenbuch

Martin Stangl
Mein Hobby - der Garten

Christiane Widmayr-Falconi
Bezaubernde Gärten
Ideen und Anregungen aus
Cottage- und Landhaus-Gärten
zum Nachgestalten

Reinhard Witt
Naturoase Wildgarten
Überlebensraum für unsere
Pflanzen und Tiere
Planung Praxis Pflege

BLV Gartenberater

Hendrik Nicolaas Cevat
**Was fehlt denn meiner
Zimmerpflanze?**
Schäden erkennen und behandeln

Werner Funke
Der Obstgehölzschnitt
Obstbäume und Beerensträucher
zweckmäßig schneiden und
erziehen

Edgar Gugenhan
**Bunte Gärten auf Balkon
und Terrasse**
Gestaltung, Pflege, Pflanzen-
auswahl

Kurt Henseler
**Der Pflanzendoktor für den
Hausgarten**

Hugo Herkner
Rund um den Wassergarten
Gestaltung und Pflege,
Pflanzen und Tiere

Karlheinz Jacobi/ Dietrich Mierswa
Gärtnern unter Glas und Folie
Kleingewächshäuser und Früh-
beete, Bau, Technik, Nutzung

Marie-Luise Kreuter
**Kräuter und Gewürze aus
dem eigenen Garten**
Naturgemäßer Anbau, Ernte,
Verwendung

Günther Liebster
**Freude und Erfolg im eigenen
Gemüsegarten**

Peter Hans Nengelken
**Wintergärten und
Überdachungen**
Planen, Bauen, Bepflanzen

Wolfgang Rysy
Orchideen
Tropische Orchideen für Zimmer
und Gewächshaus

Elisabeth Schmitt/ Karlheinz Jacobi
Der Garten im Jahreslauf

Martin Stangl
**Freude und Erfolg im eigenen
Obstgarten**

Martin Stangl
Stauden im Garten
Auswahl, Pflanzung, Pflege

Christiane Widmayr
Bauerngärten neu entdeckt
Geschichte, Anlage, Pflanzen,
Pflege

**Dies ist nur eine Auswahl aus
über 110 Titeln zum Thema.**